管理職のチカラ

〜採用も、業績も、人材育成で変わる〜

関野吉記
株式会社イマジナ　代表取締役

プレジデント社

はじめに　すべては「教育への投資」から始まる

昨今の日本において、「人材問題」に頭を悩ませていない経営者はいないだろう。多くの日本企業が採用に苦戦する中、人口減少が進むことで、ますます人材の獲得競争は激化していく。

「国内で人が採れないなら海外から……」と思っても、グローバルな視点で見ると給与水準が低く、「日本語」という習得困難な言語を使う日本は、外国人労働者から見たら「働く場」としての魅力に著しく欠けている。

課題となっているのは採用だけではない。各企業の社内状況に目を向けてみると、若手の離職や後継者不足など、新たな問題が次々と浮かび上がってくる。

こうした幅広い課題がまとめて「人材問題」と呼ばれているわけだが、実はこれらの解決を図るにあたり、決して無視できない共通のポイントがあることをご存じだろうか。

ひと言でいえば、それは「人材投資」である。

これは、人材採用系の会社にお金を払っていい人材を紹介してもらう、といった類いの投資ではない。

私が言いたいのは、「自社の社員の教育と育成にとことん向き合う必要がある」ということだ。これからの激動の時代を企業として生き残っていくには、社内で人を育てていくことが不可欠なのである。

それは、いったいなぜなのか。

驚くべきことに、日本の若者の約83％が「出世をして管理職になりたいとは思わない」という。この数字は、会社にとっての好ましくない未来を暗示している。企業の付加価値を高めていくことがマストな時代に、若手がその経営の中核を担う管理職を、できる・できないは別として、そもそも「目指したくない」と思う会社に、果たして将来はあるのだろうか。

努力を重ね、成長して役職を得ることにまったく魅力を感じていない現代の若者層。彼らの心理は、こうだ。

「管理職になっても仕事が増えて大変になるだけでちっとも楽しそうじゃないし、上の顔色を窺《うかが》って忖度ばかりしている管理職が多くて、人間的にも魅力がない。自分はあんなふうにはなりたくない」

彼らの目に映っている企業の管理職とは、仕事の負担や責任だけ増えて給料はたいして上がらない、魅力どころかデメリットを体現したような存在なのである。まるで町内会の会長か何かのように、多少聞こえのいい役職名と引き換えに、やる意味もわからないまま大量の仕事に追われるようになる……そんなネガティブなイメージが形成されてしまっている。

なぜ管理職の印象がここまで下がってしまったのか。それはひとえに、多くの日本企業が「プレイング・マネージャー」などと称して通常業務や部下の統率をまとめて管理職任せにして、彼らを魅力的な存在に育て上げる教育を怠っているからである。

日頃から接する上司である管理職がこのように認識されていれば、若手社員の頭には当然、「この会社で働き続けたら、自分もやがてこうなるのではないか」という不安がよぎる。そこを狙うのが、人材斡旋《あっせん》会社や転職エージェントというわけだ。彼らは「尊敬できない上司しかいない会社に、あなたの大切な人生を捧《ささ》げていいのか」と、迷える社員を言葉巧みに転職の道へと誘導する。

また、社員の間にそうした不安が漂っていれば、彼らは自身の仕事に前向きに、やりがいを持って取り組むことが難しくなる。そのような実情は会社の風土として求職者や学生に伝わり、結果的に採用にも悪影響をおよぼしてしまう。すべては「管理職」という存在を通して、密接にリンクしているのだ。しかし、だからこそ、人材にまつわる一連の問題を解決に導く鍵がここにある。

いままで企業が腰を据えて向き合ってはこなかった管理職が優秀な人材をマネジメントするスキルを学び、会社の魅力や仕事の楽しさを体現できるような存在となれば、その下層にも人を育てる文化・会社の魅力を伝えていく文化は広がり、根づいていく。会社が発展する可能性は、管理職のあり方次第だ。彼らの魅力度はそのまま、会社の将来を映す鏡なのである。

つまり、冒頭で「社内で人を育てていくことが不可欠」と述べたが、正確には「はじめに管理職の教育・育成が不可欠」なのである。

弊社・イマジナは、管理職の育成を中心とした組織改革や、企業の付加価値づくりのお手伝いをしている。その中でも痛感しているのは、働いている社員とともに「付加価値」を生み出せる会社でないと今後は厳しいということだ。内部で人が育たない環境であったり、人の力がついていなかったりする会社が、単独で生き残っていくことはますます難しい。

近年、さまざまな業種で企業の後継者不足が嘆かれ、10社に6社は後継者不在といわれている中で、「後継ぎもいないし、社員だけではこの先やっていけないし、いっそ売却してしまおう」と、M&Aが盛んになっている。そうして市場で売りに出される会社は体裁ばかりが整えられて、中身、すなわち社員がきちんとケアされていない場合が多い。売ろうと思っている車の見た目はきれいにしても、根幹となるエンジンのメンテナンスはしないのと同じように、会社を売却して儲けを得よう、さっさと手を離そうと考えている経営者が、人材育成に投資をする可能性は限りなく低いのだ。

しかし、そういった単なる売却目的のM&Aは今後の情勢を考えるに、社会にそぐわないものであると私は思う。本来、M&Aとは「互いに協業したほうが成長できる」という前向きな可能性の中で行い、共存・共栄を目指すことに意義があるのではないか。そのような本質的なM&Aの実現には、売買にかかわる双方の企業が人材育成にきちんと投資し、統合に際する壁を乗り越えることができなければならない。そのためにはやはり、対象となる企業に実施する事前調査、いわゆるデューデリジェンスの項目に、将来の収益性や法律的な側面だけでなく「人材育成」に関するものも加える必要がある。

私は以前、海外でHRデューデリジェンスの仕事をしていたことがある。HRデューデリジェンスとは、人事デューデリジェンスともいわれ、文字通り、人事の面からその企業を調査する作業である。調査の項目は、人材への投資状況、人事制度や評価制度の内容と運用状況など多岐にわたる。企業を評価する上で、人材の教育・育成にどれだけリソースを割いてきたかという部分を重視するやり方は、欧米をはじめとした海外ではスタンダードだが、日本にはまったく導入されていない。「人の教育を重視する」ことが企業の評価につながらないという状況は、人の教育が重視されていないということと同義である。この現状を変えるためにも、まずは企業の価値が「人材の教育・育成にどれだけ注力しているか」によって測られなければならない。

ところが、私がこの考えのもと、日本の大手M&A会社20社ほどに協業を打診してみたところ、いまひとつ肯定的な反応を得られなかった。表面上は同調してくれるのだが、心からの共感ではない。それほどまでに、日本企業において人材教育の重要性は浸透していないのだ。誰も「人」をきちんと見ることに対して深い興味を示さない。そんな手間のかかることをするより、ただ会社を売るほうがお金になるからだ。

M&Aの仲介会社も然《しか》り。一般的な資産の価値判断を見ても、土地やキャッシュ、有価証券といった「有形」のものは資産として評価するが、ノウハウ、人材（社員のスキルや知識）といった「無形」のものは評価していない。グローバルな企業価値の測定基準は、とっくに「有形資産」から「無形資産」を評価する方向にシフトしているというのに、日本はその流れに完全に乗り遅れてしまっているのだ。

このまま日本企業が人材教育に重きを置くことを評価しない姿勢を取り続けるのであれば、私がその価値と重要性を広めていきたい。本書を執筆した背景にも、こういった思いがある。

時代は刻一刻と変化している。その流れに翻弄されず、自社の歩みを永続の軌道に乗せるためには、経営者が変化に踏み出す勇気を持って、自ら社員と向き合うことを徹底して学ぶしか道はないのだ。本書が、会社を導くみなさんの、「人と向き合う経営」の一助となれば幸いである。

株式会社イマジナ 代表取締役　関野吉記

Contents

Chapter 2 「採用」に悩む企業へ！優れた人材活用のために 051

Contents

Chapter 4 「管理職育成」。これが、成長企業のキーワードに 131

Contents

Chapter 1

人材の「採用」と「育成」。これが企業の未来を拓く

企業を永続させるための核は、「理念」を社員に浸透させること

企業が人を採用し育成していくためには、「理念」が必要不可欠である。

本書では「理念採用」や「理念教育」という言葉を用いて説明することになると思うが、日本企業には自社の理念を明確に打ち出せていないところがとても多い。理念自体は、ほとんどの企業において存在する。しかし一見、明確に打ち出しているように見えても、その理念を管理職から若手、新卒、末端の社員やパートタイマー、さらにはアルバイト社員にまで徹底的に浸透させている企業は非常に少ないのである。

まずは「理念」とは何かについて、いま一度考えてみよう。

ＣＩ（コーポレート・アイデンティティー）や「〇〇ウェイ」といった言葉をご記憶の方は多いと思う。

こうした言葉が流行すると、日本企業の多くはすぐさまそれに反応して、われもわれもと「〇〇ウェイ」を策定したりするものだ。しかし、流行が過ぎ去ってしまうとそんな言葉はすっかり忘れられて、掲げられているだけになってしまう場合も多い。

たとえば一時期「企業メセナ」という言葉が流行したのを覚えている方はいるだろうか。いまや「メセナ」などという言葉を使う企業はほとんどなくなってしまった。

つまり、日本企業の多くは流行を追いやすく、しかも忘れっぽいわけだ。私のお伝えしたい「理念」は、そういった軽々しい一過性のものではない。

その企業を100年の長きにわたって永続させていくための、企業の核となる指針理念。

「わが社は何をもって社会に貢献し、何をもって社会の課題を解決し、どのような社会の実現を目指すのか」を明文化したものである。

日本企業の中にも、理念を全末端の社員にまで浸透させる取り組みを行っている会社がある。

私は、サントリーがアメリカに進出する際のお手伝いをさせていただいた経験があるが、「水と生きる」という企業理念を末端の社員に至るまで徹底的に浸透させていることに感心した。

サントリーの事業は酒類、清涼飲料水、食品、薬品と幅広いが、ビール事業で40年間も赤字を出し続けた後に、「ザ・プレミアム・モルツ」の大ヒットで黒字化を果たしたことが大きな話題になった。

ビール業界の営業、特に料飲店向けの営業は、いわゆる切った張ったの世界である。営業パーソンたちは料飲店を一軒一軒訪問しては、自社のビールに切り替えてもらうよう、あの手この手を尽くして営業をかけていく。まるでオセロゲームのように、一店舗ずつひっくり返していくのである。こうした体を張った営業は、個々の営業パーソンが自分の言葉で自社製品の良さを伝えられなければできないことだし、それには自社の製品に対する深い思い入れが必要となる。

サントリーのビール営業パーソンたちが40年間という長く苦しい冬の時代を戦い抜くことができたのも、サントリーという会社が確固とした企業理念を持ち続け、それを末端の営業パーソンにまで徹底的に浸透させていたからだろう。

考えてみれば「水と生きる」という理念はいたってシンプルで、特に立派そうな言葉でもないし、難しい言葉でもない。しかも抽象的である。

私はこの理念自体が素晴らしいと言うつもりはない。しかしサントリーの社員はトップから末端に至るまで、「水と生きる」とはどういうことかを常に考え、それを自社の行動指針として実践している。そこがすごいと思うのである。

一方、一般的な日本企業の多くは、理念ではなく「ルールと罰則」で社員の行動を縛ろうとするのが普通である。

たとえば物事を決定するにはまず稟議を回して会社全体の了解を得なければならないというルールを先につくってしまい、そのルールを守らなかった社員に罰則を与えるのだ。低い評価をつけて昇格を遅らせたり、僻地に左遷をするといった見せしめを行うことで、会社のルールに従わないとひどい目に遭うことを全社員に知らしめる。

その結果、ルールから外れたことをするとこんな罰を受けるのだから会社の言うことを聞いておこうという、忖度ばかりする社員を増やしてしまうことになる。これでは、会社の理念を実現するためにとるべき行動を自分の頭で考えるどころの話ではない。


こうした社員が増えると、どういうことが起きるのだろうか。

ある航空会社のCAの乗客への対応がネットで炎上したことがあったが、この件などは、理念が機能していない弊害を示す好例だと私は思っている。

騒ぎの発端は、マスク着用のルールにあった。

その航空会社は、コロナ感染の予防のために機内でのマスク着用を乗客全員に強制するというルールを設けていた。それはそれで間違いとは言えないが、問題はその運用の仕方である。

あるフライトに、発達障がいのある子どもとその母親が乗ってきた。子どもは飛行機が怖くて搭乗直後は泣いていたが、シートに座ってしばらくすると眠りに落ちて静かになった。母親が他の乗客に迷惑をかけないで済むとほっとしたところに、ＣＡがやってきてこう言ったのである。

「お客様には全員マスクをしていただくことになっていますので、お子様にもマスクをしていただきます」

母親は断った。せっかく眠ったばかりなのに、いま起こしたらまた泣き始めてしまうのは目に見えていた。

しかしＣＡは頑としてマスクの着用を求めて、文字通り、寝た子を起こしてしまったのである。なぜならそれは、ルールだからだ。子どもは再び大声で泣き始めて、母親はフライトの間じゅう肩身の狭い思いをしなければならなかった。

この一部始終がＳＮＳに投稿されて、航空会社は猛烈な批判を浴びることになったわけだが、実を言うと、私も同じような経験をしている。

子どもと一緒に、映画を観に行ったときのことだ。

上映開始前に、子どもに薬を飲ませる必要があったが、ジュースやコーラで薬を飲ませるとよくないという話を聞いていたので、私は飲み物を売っている売店に行って、そこで売っている飲み物やスナック類を購入した上、「水を一杯もらえないか」と頼んだ。

ところが売店の店員は、「お水はご提供できません」と言う。

そこに蛇口があって、紙コップもあるというのに、たった一杯の水が出せないというのである。私は驚いて、理由を尋ねた。

「コロナ感染予防のために、お客様にお水の提供はできないルールになっています」

またしても、ルールである。しばらく押し問答をしたが、店員は絶対にダメだと言う。そして、どうしても水が必要なら、映画館の外に出てミネラル・ウォーターを買ってきてくれと言うのである。もう、上映時間が迫っているというのに！

この2つの事例に共通することはなんだろうか。

ひと言で言えば、「柔軟な対応ができない」ということだろう。客の要望に対してルールの中で判断するＣＡや売店の店員の融通の利かなさに、多くの人は不快なものを感じるのではないだろうか。

この不快感の根っこには、彼らが頑なにルールを守ろうとする一方で、「自分の頭で考えていない」ことに対するいら立ちがあると私は思う。

そして、なぜ彼らが自分の頭で考えて臨機応変な対応を取れないのかと言えば、それは、彼らの頭の中に理念という行動指針が存在しないからなのだ。理念を基に行動していいという教育を受けてきていないとも言えるだろう。

たとえば航空会社が「快適な空の旅を乗客に提供する」という理念を掲げていて、それを末端の社員にまで徹底させていたら、果たしてＣＡは眠っている子どもを起こしただろうか。あるいは、映画館の運営会社が「エンターテインメント作品を心ゆくまで楽しんでほしい」という理念を掲げて、それを末端まで浸透させていたら、店員はたった一杯の水の提供を拒んだだろうか。

理念を表面的な標語としてしかとらえておらず、徹底的に理解させる教育ができていない企業が多いから、思考を停止させてルールにただ従う社員が増殖してしまうのである。

その結果トラブルが発生すれば、企業のイメージは大きく傷つけられてしまう。ルールだけでは、企業は守れないのだ。

反対に、個々の社員が理念に立ちかえって自らの行動を決定できる土壌（企業文化）があれば、いずれの場合も、トラブルを未然に防ぐことができたかもしれない。


だからこそ、企業にとって理念の落とし込みが重要なのである。単に、理念を表す言葉を社内で浸透させるだけでなく、マネジメント層がその意味を理解して、社員全員に伝えていく。そして社員は、その理念から会社としての付加価値をつくり出していく。企業は、こういった流れを構築しなければならないのだ。

管理職育成、そして社員教育の重要性は、ここにある。理念をつくったら何かが変わるのではなく、その意味を含めて理解させ、行動させていくことが大切なのである。

ディズニーランドとスターバックスの理念浸透と理念教育に学ぶ

企業は、個々の社員が理念に基づき、主体的な判断を下せるような風土を醸成しなければならない。それを達成した企業で代表的なのは、ディズニーランドとスターバックスであろう。私は、この2つの企業を世界的ブランドに押し上げたマーケターの書籍を監修している。

この中で指摘していることは、海外は日本と比較してホスピタリティーという面では劣ることも多いが、この2つの企業は、客に優れたサービスを均一に提供できる「社員教育」を徹底することで、それぞれのフィールドで世界一となっているということだ。

日本人は「もの」でサービスする傾向にあるが、彼らは「精神」でサービスを提供する。社員に対する理念教育によって、社員それぞれが自分がすべきことを理解して行動することで自社の付加価値をつくり出している。

一方、日本の企業の多くは、社員が自分で考えて行動することを止めるようなルールを踏襲している。企業としての付加価値づくりが今後の成長を決める時代になったいま、致命的だとしか言いようがない。

東京ディズニーリゾートでは、たとえば清掃スタッフが地面に水でミッキーマウスの絵を描いて客に披露するといった行為が、自発的に行われている。さらに有名なのは、東日本大震災のときの対応だろう。

観客の負傷を防ぐために、店で売っている被り物を無償で提供したり、避難経路の確保のために、日頃は絶対に客に見せてはいけないバックヤードを開放したりといった「掟破り」が、社員の独自の判断によって次々と実施されたのである。こうした柔軟な対応は、いまだに「神対応」として語り継がれ、東京ディズニーリゾートの評価を高めている。

「あらゆる人に幸福を感じてもらえる場所」というパークの基本理念が末端まで徹底的に浸透しているからこそ、社員はその理念に照らして自分の行動が許されるかどうかを、独自に判断することができたのである。

コーヒーチェーンのスターバックスも、徹底した理念浸透と理念教育を行っている企業のひとつだ。

私たちイマジナは休日にさまざまな飲食店に出かけて行っては、味や衛生状態やサービスの質を独自に採点しているが、スターバックスは必ずしも味だけで評価をされているわけではないと考えられる。

コーヒー自体の味はコメダ珈琲店や星乃珈琲店など、日本のコーヒーチェーンの方が上かもしれないし、サンドウィッチやクッキーといったサイドメニューも、必ずしも抜群というわけではないだろう。やはり日本企業は、モノづくりに関しては一日の長があり、コメダ珈琲店も星乃珈琲店も味という分野において努力している。しかし、店員の接客態度に店舗や個人による差を感じさせず、客の満足を第一に優先させる姿勢が一貫しているという点においては、圧倒的にスターバックスの方が優れているのだ。この差を生み出しているのはひとえに、スターバックスが店員に提供している、「どうしたらお客様に本当の満足感を提供できるか」を考えさせる充実した教育コンテンツであろう。

おそらく、スターバックスを利用していて嫌な思いをしたことがある人は、ほとんどいないのではないだろうか。店員はいつもにこやかに迎えてくれるし、気さくに話しかけてくれる。時には提供しているコーヒーについての知識も披露してくれるなど、まさに臨機応変の対応が身についているのだ。スターバックスはこの接客によって、他店との圧倒的な差別化に成功しているのである。

そんなスターバックスの経営理念は、以下のように定められている。

「人々の心を豊かで活力あるものにするために―ひとりのお客様、一杯のコーヒー、そしてひとつのコミュニティから」

（スターバックスのHPより）

「人々の心を豊かで活力あるものにするために」という理念を叩きこまれているスターバックスの店員は、たとえば車椅子に乗った客が入店してきたら、カウンターから出ていってテーブルの椅子を引くといったアクションを、独自の判断で自然にできてしまう。日本のコーヒーチェーンの店員だったら、「勝手にレジを離れてはいけない」というルールが頭にあるせいで、そういった柔軟な行動をためらってしまうかもしれない。

ではなぜ、スターバックスは理念の浸透に成功しているのだろうか。

ひとつには、圧倒的に多くの時間を研修に割いているということがある。スターバックスは社員だけでなくアルバイト店員に対しても、実に80時間にも及ぶ研修を施すことで知られている。正社員の場合は、推して知るべしであろう。さらに言えば、スターバックスの理念浸透の下地には、「感謝」をベースとした「気配り」と「気遣い」の文化がある。

「感謝なんて、いきなり古めかしい価値観を持ち出してきたな」と思われるかもしれないが、私は決して「社員に感謝をさせよ」と言いたいのではない。それではルールを強制するのと同じことだ。そうではなくて、一人ひとりの社員が心の底に感謝の念を持っていれば、理念がストンと腹落ちしやすいという事実を伝えたいのである。

感謝というポジティブな感情がベースにあれば、目の前の出来事や相手からの言葉に対する姿勢が変わってくる。何かを教わるにしても、教えてもらえることがありがたい、伝える時間をわざわざとってくれているという前向きなとらえ方をすることができ、せっかくの厚意を無駄にしないよう、今後に活かそうと努める意識が生じるだろう。その結果、感謝と気配り・気遣いは相手にとってよい行動となるだけでなく、自分にとってもよりよい選択をもたらす。言ってみれば、感謝があることによって人生の可能性や視野が広がるのだ。反対に、感謝というベースがなければ、相手が気を遣って何かを教えてくれたとしても、その厚意に気づかなかったり、「別に頼んでいないのに余計なお世話だ」などとネガティブな解釈をしてしまったりする。そのようなとらえ方から、果たして現状の改善につながる前向きな行動や発想は生まれるだろうか。

感謝の気持ちを持って気配りと気遣いをすることは、その瞬間のみならず、先々の展開まで視野に入れた上で圧倒的な差別化につながる。学生がスターバックスでバイトをしたがるのは、そこで学んだことがそのまま人生にプラスに働くからなのである。

企業価値は、〝社員〟次第。育成強化で「ブランディング経営」を！

私の実家は、山梨県で100年続く菓子問屋を経営している。

100年間ひとつの事業を継続させるのは、並大抵のことではない。次の世代にしっかりとバトンを渡さなくてはならないが、それには次の世代が「受け取りやすいバトンの渡し方」を上の世代が考えてやる必要があるのだ。後からくる者のパフォーマンスを最大化する方法を、上の世代は常に考えておかなくてはならない。

しかしそれは、単に優しければいいとか、下の世代に対して思いやりがあればいいということではない。100年の事業継続を考えるなら、むしろ、自社のこだわりを守り切り、絶対に方針を曲げないぐらいの頑なさが必要だといえる。

そのためには、とりも直さず「理念」という指針が重要なのだ。社会課題をどう解決していくのか、そのためにどんな思いで、どんなこだわりを持って事業の展開をしていくのか。それを経営者がとことん突き詰めて考え、徹底的に社員に浸透させていかなくてはならないのである。

同郷の山梨県人に、一介の今川焼き風の菓子屋から年商1175億円のシャトレーゼという洋菓子チェーン店をつくり上げた齊藤寛さんがいる。わずか20年間で、シャトレーゼの売上を5倍に膨らませた齊藤さんは、御年90歳。これから同社の売上を1兆円にすると豪語していらっしゃる。

現在、シャトレーゼは菓子業界の最大手だが、かつての業界最大手といえば、「ペコちゃん」で親しまれている不二家だった。不二家の創業は1910年。老舗中の老舗といっていいだろう。

不二家は2021年まで、業界ナンバー1の売上規模を保っていたが、この年を境にしてシャトレーゼに業界トップの座を明け渡すことになった。この交代劇が起こった原因は、両者の経営戦略の違いにある。

ご存じのように、不二家は広告宣伝が巧みな企業だ。

店頭に飾られている「ペコちゃん」人形は昔から子どもたちに人気があり、不二家の商品パッケージにさまざまな形で登場しては、不二家の顔として活躍している。あるいは、「ミルキーはママの味」というキャッチフレーズを旋律とともに記憶している人も多いのではないだろうか。不二家という会社は、広告宣伝に巨額の投資をすることによって、好感度の高い企業イメージをつくり上げ、それを売上につなげてきたのである。

一方のシャトレーゼはどうかといえば、店舗は比較的簡素で、ペコちゃんのようなマスコットキャラクターも存在しない。誰もが記憶しているようなコマーシャルソングもない。

その代わりシャトレーゼは、社員を大切にし、一人ひとりをきちんと評価することに注力しているのだ。加えて齊藤寛さんは社員を事業に巻き込んでいくのが非常にうまい経営者なのである。

同社の経営手法の一例として、独特な「プレジデント制度」が挙げられる。

これは、社員に自分の持ち場のコスト・カットや作業効率の向上を、まさに社長（＝プレジデント）のように考えさせ、成果が上がれば報償金を出すという制度である。現在、シャトレーゼの社員は約2200人いるが、約5％の120人がプレジデントに任命されている。

この制度の狙いはプレジデント制度という名前が示している通り、社員一人ひとりに「プレジデント＝経営者の視点と意識を持たせること」にある。職場の改善を「やらされる」のではなく、自分ごととして取り組む社員を育てようという試みだ。

シャトレーゼの躍進が、こうした斬新な仕組みによって支えられていることは言うまでもないが、ここには重要なポイントが2つある。

ひとつは、こうした制度は経営者が現場に直接足を運んで、現場をよく観察していなければつくれないということ。もうひとつは、シャトレーゼが社員の育成を成長の原動力としている、ということである。

では、不二家はどうだろうか。ご記憶の方も多いと思うが、不二家がシュークリームの原料に期限切れの牛乳を使用していたのが発覚したのは、2007年のことであった。このニュースを聞いて私が驚いてしまったのは、検査基準の10倍にも達する細菌が検出されていながら、期限切れの牛乳の使用を中止せよという声が社内から上がらなかったという事実である。

もしも、「ミルキーはママの味」という人口に膾炙《かいしゃ》したフレーズに社員が誇りを持っていたら、基準を超える細菌の検出を放置することなどあり得ない。本物のママならそんなことは絶対にしないだろう。

これは、不二家が企業理念の浸透を怠っていた証しであり、広告宣伝さえうまくやれば製品は売れると思ってしまった結果なのかもしれない。

別の言い方をすれば、不二家は広告宣伝に多額の費用をかけてはいたが、社員の育成、理念浸透、理念教育には力を入れていなかったのではないだろうか。そして、ライバルのシャトレーゼは営々と社員の育成を続けてきた結果、菓子業界トップの座を射止めることになったのである。徹底した理念の浸透と社員の育成が企業価値を高め、ブランディング経営成功の鍵となったのだ。

中堅・中小企業が怠る〝人〟への投資。伸びる会社は、ここが違う

シャトレーゼは社員（人）の知識、ノウハウ、そして意欲に対して、社を挙げて投資をしてきたからこそ急速に売上を伸ばすことに成功した。シャトレーゼの店舗があまり派手な外観をしていないことが、まさに有形から無形（＝人）へのシフトを象徴しているだろう。シャトレーゼは、モノ（＝有形）には大きな投資をしないのである。

企業は、無形である「人」への投資に力を注ぐべきだということは前述した。しかしながら、厚生労働省「労働経済の分析」によると、日本企業が研修などの社員の能力開発にかける費用は、アメリカ企業の約20分の1、ヨーロッパ先進諸国と比べても10分の1以下となっている。

また日本企業の研修は実務を学ぶようなものばかりで、企業理念の浸透

や理念に基づいた行動をとることの大切さを教えるような内容は、実態としては見られないようである。

企業が成長を続けるためには、現在在籍する人材を大切にして、「人」への投資を積極的に行わなければならない。これが、まさに企業としての「将来への投資」となるのである。

過去の成功体験に基づくやり方は、いまの時代、まったく役に立たない。企業として重要なのは、有形への投資から無形への投資に発想を切り替えていくことに尽きる。

この、有形から無形へというシフトの背後には、いくつかの要因がある。ひとつは、ＡＩとロボットの進化による仕事の変化だ。ルーティン業務やマニュアル化できる業務はここ数年でＡＩとロボットが担うようになり、人間の仕事ではなくなってしまう。

では、どのような仕事が人間の仕事として残るのかといえば、高度にクリエイティブな仕事（最先端の技術者やシステム設計者など）と人間ならではのホスピタリティーが要求される仕事（保育士、介護士、医療従事者、飲食店やホテルの従業員など）である。

こうした「人間にしか提供できない価値」に投資を惜しまない企業が、世界中の投資家によって支持されている。投資家は、企業の実体ではなく、無形のもの（人、知識、ノウハウ）に莫大な投資を惜しむか、惜しまないかといった判断で、支持する企業を決めているのだ。

わが国の実情はこの流れから完全に取り残されている。

アメリカのオーシャントモの調査によると、日本では国全体の資産における無形資産の割合が、いまだに30％程度しかないという。実に、アメリカの3分の1だ。しかも有形資産と無形資産の比率はここ40年ほどほとんど変化していない。先ほど述べたように、ＡＩとロボットの進化によって「ルーティン・ワーク＝誰がやっても同じ仕事」は、いずれこの世から消えてなくなることが確実である。

これからの企業の業績を左右するのは、「人間にしかできない仕事」である。経営者の選択は、人間に投資をする以外にありえないだろう。そうでないと生き残れない世の中になっていることは明らかだ。

ここで、少しだけ弊社・イマジナについてご紹介をさせてもらいたい。弊社が掲げているパーパスは、以下の通りである。

「人材に投資することが当たり前になる社会をつくる」

わが国には、口では人材が大切だとか、人材ではなく人財だなどと言葉遊びで終わってしまっている経営者も多いが、本当に人材に投資できている企業は非常に少ない。そんなことでは国際社会から取り残されてしまうことは目に見えているのに、いまだに人材投資といえば、ロクに現場を知らない講師を招いて一日だけのセミナーや研修を受講させるだけというお粗末さである。

たった一日研修を受けさせるだけで人が育つのであれば、誰も教育には苦労しない（弊社がクライアント企業に提供する研修システムは、クライアント企業に数年間伴走するスタイルを取る）。

私は海外企業での実務経験があると同時に、1年の3分の1以上、企業研修の現場に身を置いている。だからこそクライアント企業の研修では、その企業の現状、抱えている課題を詳細に把握することができる。

しかし、○○協会や××センターから派遣されてくる講師のほとんどは、机上の論理を知っているだけで現場を知らない。一日だけの講義はできるかもしれないが、参加している社員と何カ月にもわたって真正面から向き合い、彼らを育て上げることなどできるわけがないのである。

いまは、変化の時代である。従って、その変化に合わせたスタイルの研修を展開しなければならない。だが、講師だけをやっている人は経営経験がないので、私たちイマジナと同じ研修はなかなかできないだろう。

イマジナは単なる座学の研修ではなく、クライアント企業における人的なコミュニケーションの課題を把握し、マネジメント層の能力を確認し、さらに組織の課題を明確にしていく。そして、それをよりよい方向に導くための研修を展開する。

だからこそ、私自身がクライアント企業の研修に立ち会うのである。手法を教えるのがゴールではない。研修によって、企業が成長していくための理念を理解させ、浸透させ自走していただくのがゴールである。そのためには、すべてに包括的に取り組まなければならないのだ。

さて、なぜわが国が人材の投資に後ろ向きなのかといえば、それは日本企業の多くが、国の方を向いて仕事をしているからである。政治的な理屈で経営判断をしていると言ってもいいだろう。

たとえば、大手の広告代理店がその象徴だが、彼らはオリンピックや万博、あるいはコロナ対策といった、国家が行う大きな事業を代行することによって収益を上げている。彼らにとって重要なのは、国の動向であり国の意向なのである。

では、アメリカの企業はどうだろうか。

彼らが重視しているのは、常にマーケットの動向である。マーケティング理論やブランド理論を武器に、いかにしてマーケットを制覇するかを考えているのがアメリカの企業だ。それだけに、アメリカの経営者たちは現場で起きていることに極めて敏感であり、対応が速い。

一方、日本の経営者はといえば、多かれ少なかれ国の庇護の下にあるわけだから、政治家や役人の言動には敏感でも、現場で起きていることには疎い。経営を左右するのは、現場ではなくて「お上」の意向なのである。

こうした違いは、日本や中国に比べてアメリカが歴史の浅い国であることも影響しているとは思うが、いまや企業価値の所在が世界的に有形から無形へとシフトしていることは間違いない。お上の意向などを忖度していては、この流れから完全に取り残されてしまうだろう。

中堅・中小企業の経営者は迷うことなく、人材に投資をするべきなのである。形だけで身にならない研修やセミナーを受講させるのではなく、社員一人ひとりと向き合って、個々の人材が持っている資質を徹底的に伸ばすことを考えるべきなのだ。その投資と時間を惜しまなかった企業だけが、これからの時代を生き残っていくことになる。

危機感を持たない経営者は、トップ失格。いまこそ、自ら動くとき

人材への投資が重要であると私がいくら力説しても、いまひとつピンときていない方がいるかもしれない。

「いざとなれば、アジアから優秀な学生をひっぱってくればいい」

移民を議論している人たちも、こういった考え方を持っているのかもしれない。少子化による労働力不足は、海外からの移民で補えばいいと。

しかし、事はそれほど甘くはない。

アメリカ・テスラのＣＥＯであるイーロン・マスクが日本の急激な人口減少に触れて、「日本はいずれ消滅するだろう」と言ったのは有名な話だが、２１００年には日本の人口は７５００万人にまで減少すると予測されている。しかも、その多くを高齢者が占めることになる。若年労働力人口は２００７年から２０１７年までの10年間で、実に３２０万人も減少して

おり、反対に若者ひとりが支える高齢者の人数は急増しているのだ。

この国に本当に未来はあるのか、イーロン・マスクの予言が的中するのではないかと不安になってしまう。では、こうした危機的な未来を移民は救ってくれるのかといえば、いくつかの理由で私は不可能だと思っている。

第一に、日本の平均賃金が極めて低いという事実がある。日本人の中には、日本を追いかける存在として韓国をとらえている人がいるが、経済協力開発機構（OECD）が示したように（図1）、すでに2015年の段階で、日本の平均賃金は韓国に抜かれているのである。

一方OECD（2023年）の調査によると、平均年収の世界ランキングでは（図2）、第1位のアメリカは約1153万円、日本は約512万円と、実に2倍の差をつけられている。多くの日本人は、海外から日本に働きに来るアジアの人たちに「年収500万円も支払えば十分だろう」と思っているかもしれない。しかし、世界の年収ランキングを見ると、もはや日本は「稼げない国」であり「働く魅力のない国」なのである。

さらに言えば、日本で働くには日本語という壁がある。

図1 ▶ 2015年、日本の平均賃金は韓国に抜かれている

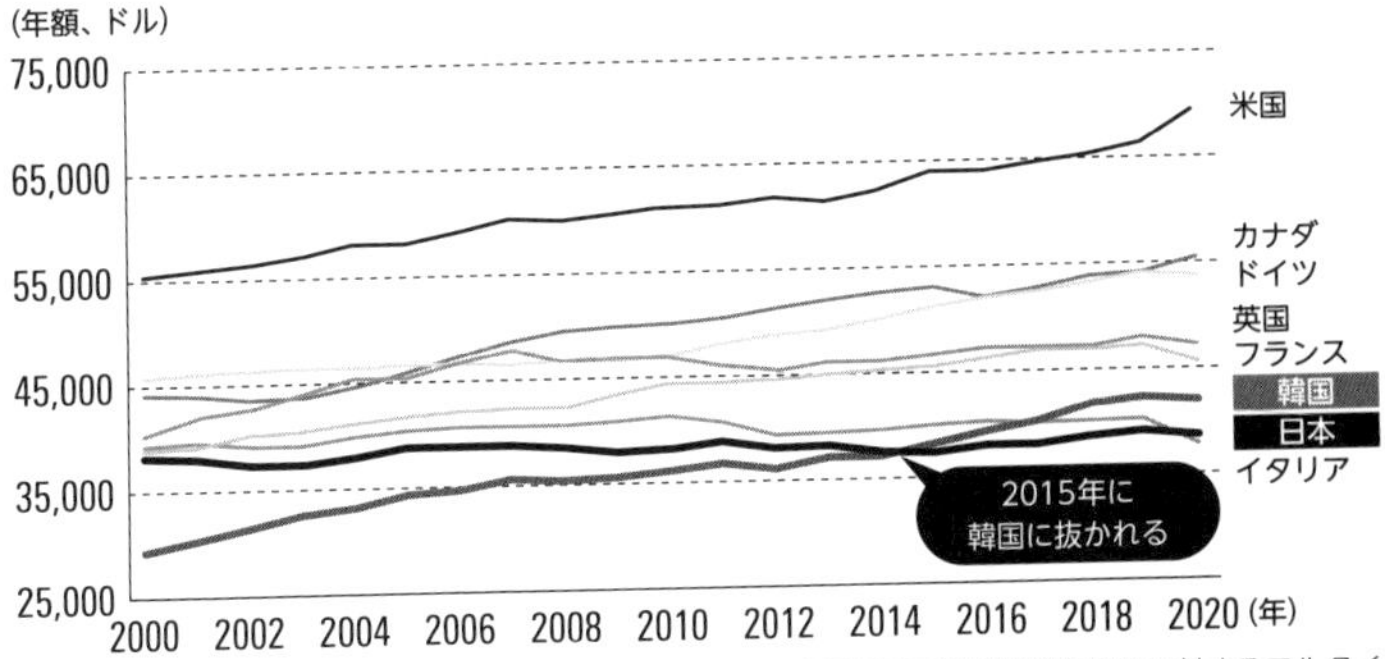

＊国民経済計算に基づく賃金総額を、平均雇用者数で割り、全雇用者の週平均労働時間に対するフルタイム雇用者1人当たりの週平均労働時間の倍率を掛けたもの。2016年を基準年とする購買力平価に基づくドルベースでの金額

出典：OECD

図2 ▶ 世界の平均年収ランキング

国名	平均年収（円）	国名	平均年収（円）
アメリカ	**1153万3930**	オーストリア	771万4152
ノルウェー	1011万8078	ニュージーランド	759万420
デンマーク	998万1392	イギリス	746万5496
オーストラリア	957万3119	フィンランド	731万7791
カナダ	907万8933	ドイツ	712万7502
アイルランド	830万5567	スウェーデン	710万3828
オランダ	819万6724	フランス	653万9214
ベルギー	815万8756	韓国	536万2042
イスラエル	815万8160	**日本**	**512万980**

出典：OECD

アメリカ国務省が公式に認定している言語の難しさのカテゴリー分けにおいて、日本語は「カテゴリー5」という、習得に最も時間のかかる言語に認定されている。これはあくまでも英語を母国語とする人の場合だが、日本語の習得には88週、約2年間かかるというのである。

平均賃金も低く、年収も乏しく、しかも言語の習得に膨大な時間がかかる国に、わざわざ働きに来る外国人は少ない。日本人の多くが、心のどこかでアジアの国々を低く見ているかもしれないが、もはやそんな時代ではないのである。日本は働く場所としての魅力を失ってしまったのだ。

経営者は、この事態から目をそらすことなく、まっとうな危機感を持つべきだろう。若者は減っていく。海外から人はやってこない。人材に投資をし、丁寧に育成しない会社からは、遠からず社員がいなくなってしまうだろう。経営者は、採用の現場に自ら出ていって、まずは「人が採れない」状況を自分の目で見るべきである。その上で、現実的な採用戦略を立てていかなければ、本当に会社の未来はなくなってしまう。

M&A案件の急増が意味しているのは、こうした現実なのである。

先ほど、日本企業には国の方を向いて仕事をしている会社が多いと書いたが、いまは働き手が仕事を選ぶ時代である。だからこそ企業は、社員との関係性をしっかりと構築していかなければならない。

社員との関係性を確立させた上で、この先の課題解決をどうしていくのか、そういったコミュニケーションをとっていき、進むべき方向性を決めている会社が生き残る。社員に対して、自社で働く価値提案ができないと、社員は誰も働かなくなるだろう。

よくＷｉｎ－Ｗｉｎの関係などというが、本質的なＷｉｎ－Ｗｉｎの関係を構築するには、「つながり方」がとても大切なのだ。社員とどうつながっているのか、社会とどうつながっているのか、その企業は社員に、社会に、何を提供しているのか？

会社が提供する価値に共感をするからこそ、社員は会社に貢献しようとするのだ。本物のＷｉｎ－Ｗｉｎの関係を構築するには、やはり理念が極めて重要なのであり、いまこそトップが自ら動かなければならないのだ。

「理念採用」＋「管理職育成」の徹底で、100年企業を目指していく

さて、採用と育成において理念が重要な役割を果たすことをさまざまな角度から指摘してきたが、この事情について具体例を挙げながら考えてみよう。

ある会社の管理職が、部下に仕事を依頼するとき、いつも怒鳴っているとする。なぜなら彼は、部下がきちんと仕事を終わらせないことで「おまえの指示の仕方が悪いんだ」と役員から叱られるのを恐れているからだ。

もし、管理職が明確にその仕事の意味や社会的な意義を理解していたならば、怒鳴らずとも部下にその重要性を説明し、前向きに取り組んでもらうことができるはずである。しかしこの管理職自身も、「役員に指示されたから」という受動的な理由で仕事をしており、自らその仕事内容に共感や納得を覚えているわけではない。だから部下に対しても、怒鳴って従わ

せる以外に術を持たないのだ。

一方の部下は、上司である管理職に怒鳴られるのが嫌だから、表面的には指示に従っている。

しかし、なぜこの仕事を頼まれているのか、達成した先に何が実現できるのかといった理由や目的が明確でないため、いまひとつ身が入らない。そして、ただ仕事を強制してくるだけの管理職をあまりよく思っていない。

管理職が自分の仕事に誇りを持っているわけではないことが伝わってくるから、その生き方も尊敬できない。


毎日のように思うのは、「ああは、なりたくない」である。


日本企業に勤めているサラリーマンの中で、自分の仕事に心の底から誇りを持っている人はいったい何割いるだろう。

わが子に向かって、パパは、あるいはママはこんな信念を持って仕事をしているのだと真正面から言える人は、いったい何人いるだろうか。

もしもそう言える人が多かったら、「管理職になりたくないと思う若者が83%」などという事態は、絶対に起きないだろう。多くの部下が管理職の姿に憧れを抱いていないから、「ああは、なりたくない」と思ってこんな数字が出てくるのだ。

経営者はこの現実を見据えて、人材の採用と管理職の育成を真剣に考えるべきだろう。

経営者ができることは、部下の目に管理職の姿がどう映るかが企業の将来を左右するという現実を理解してしっかりと管理職に伴走をしてやることだ。経営者以外に、管理職と部下の関係を改善できる人間は存在しないのである。

100年永続する企業をつくろうと思ったら、経営者は先送りすることなく、理念に基づいた理念採用と管理職育成に、いますぐ取り組むべきなのである。

Chapter

2

「採用」に悩む企業へ！優れた人材活用のために

マーケットが変わった。この認識を持つことが採用活動の第一歩

この章では、採用に悩んでいる企業、人を採れない企業の経営者に対して問題解決のためのヒントを届けたいと思う。

まず、採用活動を成功させる前提となるのが、採用活動の現場である人材マーケットの実態を知ることである。

現在の人材マーケットは、経営層が自ら就職活動をしていた昭和の時代とは、まったく様変わりをしている。

最大の変化は、いまや「転職」が当たり前になったということである。

そしてこの変化には、人材会社や転職エージェントの存在が大きく影響している。よくも悪くも、彼らの戦略は巧みだ。メディアやネットを賢く使い、「口コミサイト」も利用しながら、転職を積極的に促している。そして、こういった活動によって、転職自体がいまや日本の社会現象にもなっ

ている。

転職を促すことは、彼らのビジネスを回すために当たり前だろう。人材会社や転職エージェントは、世の中で転職が増えれば増えるほど利益が上がるからだ。ただ、転職をこれだけ促している国は、世界的に見ても日本以外にそうそうない。

このように採用マーケットが人をすぐに転職させる方向へと変わってきていることを知った上で、考えてほしい。転職を何度も重ねている人材は、経営者から見て信用に値するのだろうか、本当に自社に貢献してくれると思えるだろうか？

企業は、人を定着させなければならない。

だからこそ、経営者は気軽に人材会社や転職エージェントを利用するのではなく、マーケットの変化をとらえながら、採用活動に自ら向き合わなければならないのだ。

そして、自社に合った優秀な人材を採用できる手法を考え出し、入社させた人材を成長させていくための努力をしなければならないのだ。

なぜ就活生は、ニッポンの中堅・中小企業に目を向けないのか？

現代の採用マーケットについて、経営者に知っておいていただきたいことがもうひとつある。

それは、いわゆる「合同企業セミナー」「合同企業説明会」「転職フェア」といったイベントについてである。

こうしたセミナーや説明会も大手の人材会社や転職エージェントが主催しているケースがほとんどであり、採用に苦戦している中堅・中小企業の多くが参加費用を支払ってブース出展している。

しかし、この手のイベントで中堅・中小企業が思った通りの人材を獲得できることは、ほとんどないといっていい。理由は、イベントの告知内容を見ればすぐにわかる。

告知の中に必ずといっていいほど出てくるのが、プレゼントキャンペーンである。

セミナーの出席票を1回出す度に1000円分のギフト券がもらえるとか、出展しているブースを1社訪問すれば1000円のギフト券、2社訪問すれば2000円のギフト券などというように、参加回数やブースの訪問回数に応じた特典が用意されている。

会場をぐるりと回遊するだけで、丸一日アルバイトをやったぐらいの小遣いを稼げてしまうのだから、リクルートスーツやワイシャツ、靴、カバンなどを買わなくてはならない学生にとってはありがたい仕組みだろう。

そしてもうひとつ、中堅・中小企業にとっては、相当にあこぎな仕掛けが隠されている。

セミナーや説明会にブースを出展する企業は、それなりの費用を支払うわけだが、出展企業の多く、というか、ほぼ100％が「人を採れない中堅・中小企業」である。

表現は悪いかもしれないが、たとえば誰もが名を知るような超有名企業だったら、セミナーや説明会にブースを出さなくても就活生からの応募が殺到するだろう。

では、一方のセミナーや説明会にやってくる就活生とは、いったいどんな人々だろうか？

ある調査によると、なんと、その90％が大手志望なのである。本当は大企業にしか興味のない就活生が、ギフト券ほしさに会場を回遊しているのが、この手のイベントの実態なのだ。だから、中堅・中小企業がこの手のイベントにいくら社員を張り付けても、なかなか採用にはつながらないのである。

では、中堅・中小企業はいったいどうやって人材を獲得すればいいのだろうか？　具体的な方法については後述するが、再度言っておきたいのは、人材会社や転職エージェントに頼るな、ということである。

日本企業の、平均的な一人当たりの採用コストは約１０３万円だが、アメリカでは約59万円。つまり、日本の採用コストは実にアメリカの2倍近い金額になっているのだ。

なぜここまでの差が生まれるのか。理由のひとつは、広告費の高さにある。図3に示すように、日本企業は求人広告に支払う金額が全体の3分の1と、非常に大きい。

また、求人サイトの利用率も85％と極めて高く、日本企業が採用を「外部に依存している」ことがはっきりと見てとれる。採用の外部依存が採用コストを引き上げていることは間違いないのである。

そして「外部」がいったいどのような商売をしているかは、先ほど見た通りだ。

では、アメリカはどうかといえば、図4に示す通り「リファラル（縁故、知人による紹介）」と自社採用の比率が大きく、この2つが約50％を占めている。

アメリカ企業の多くは、自分たちの理念をしっかり発信すると同時に、自分たちは社員に対してこう向き合い、こんな福利厚生を提供していると自ら発信することで、自力で採用する体制を強化しているのだ。

図3 ▶ 日本の採用手法

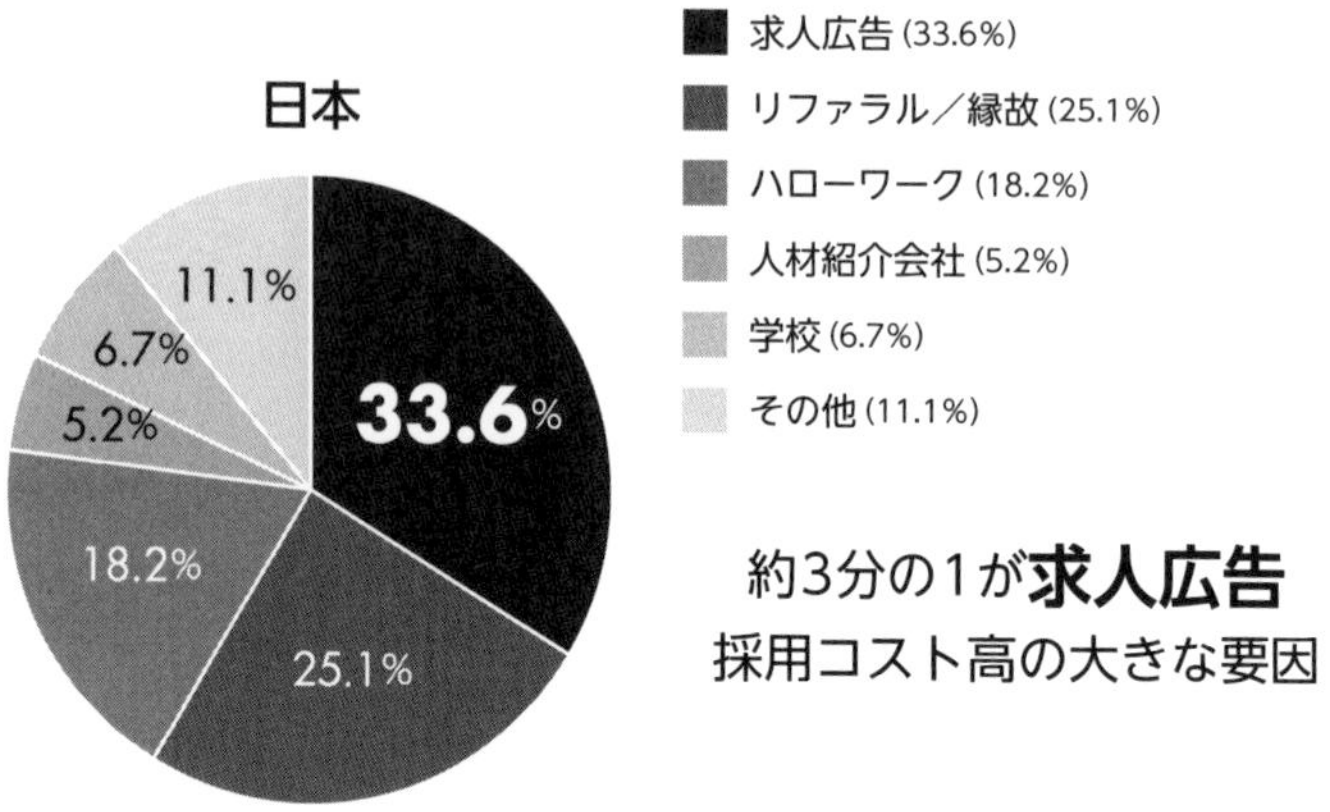

出典：イマジナ調査から

図4 ▶ 米国の採用手法

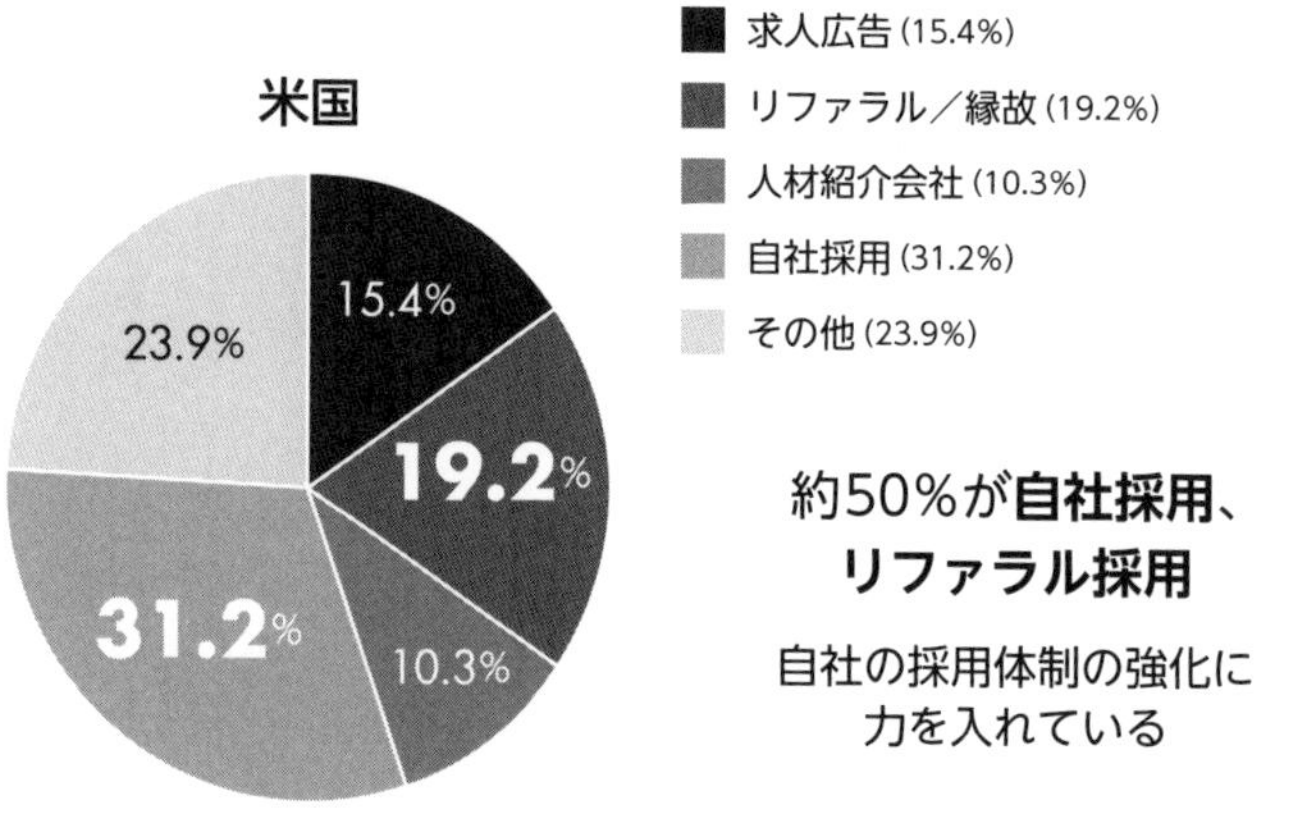

出典：イマジナ調査から

たとえば、スポーツシューズメーカーのナイキはオレゴン州の郊外に本社オフィスを構えているが、東京ドーム45個分という広大な敷地（キャンパスと呼ぶ）の中に、本社機能や研究開発機関だけでなく、教育施設なども備えている。社員だけでなくその子どもまでが、オリンピック選手などの超一流から世界最高水準の教育を受けられるのだ。親も自ら子どもに良い教育を受けさせようと思ったら多額の費用がかかってしまうが、会社が負担してくれるのは大変ありがたいだろう。

ナイキが社員に投資していることは、この陣容を見ただけで誰の目にも明らかであり、これが自社採用の強力な武器になっているのである。

日本企業の多くは広告宣伝に（ムダな）金をかけ、人材の採用にも（ムダな）金をかけて外部任せにしており、しかも内部留保を厚くしているため、賃金が安いだけでなく、社員の福利厚生にかける費用も世界的に見て極めて少ないのが実態である。

広告代理店や人材会社、転職エージェントといった「他社・他者」にお金を使う余裕があるなら、社員の福利厚生にそのお金を回した方が、はるかに企業イメージのアップにつながるし、しっかりとしたプレスリリースを作成してメディアに取材してもらえば、ムダな広告にお金を使わなくても自社の情報を拡散することは可能なのだ。

採用活動に関する日本企業の取り組みは、アメリカに比べて非常に遅れていると言わざるを得ないのである。

近年、M&A案件が急増しているが、その最大の理由は、中堅・中小企業の後継者不在問題にある。図5に示すように、東京商工リサーチの調査（2023年）によれば、全国・全業種約26万6000社のうち、後継者が「いない」と回答した企業は実に16万社に上る。その結果、あきらめ休廃業（黒字休廃業）が急増しているのである。

おそらく年間の売上高40億円あたりが分水嶺になると思うが、40億円以下の企業には、人材の採用や育成にかける資金もなく、企業価値を引き上げるのも、後継者を育成するのも難しいという現状がある。

採用も育成も、経営者が先送りをせずに取り組むべき課題なのだが、規模の小さい企業の経営者はどうしても目先の数字に追われてしまい、こうした現実と向き合うのが難しい。

結果、「もう無理だ」と匙《さじ》を投げて、会社を売りに出してしまうケースが後を絶たないのだ。

特に、現代のように変化が速く社会情勢が不安定な時代には、就活生の安定志向が強くなりがちだ。「大手に入ってしまえば、とりあえずなんとかなる」という考え方の就活生が多いのだ。

ただでさえ人が採れない中堅・中小企業は、一層、困難な状況に追い込まれていると言っていいだろう。

図5▶社長の平均年齢と後継者難倒産

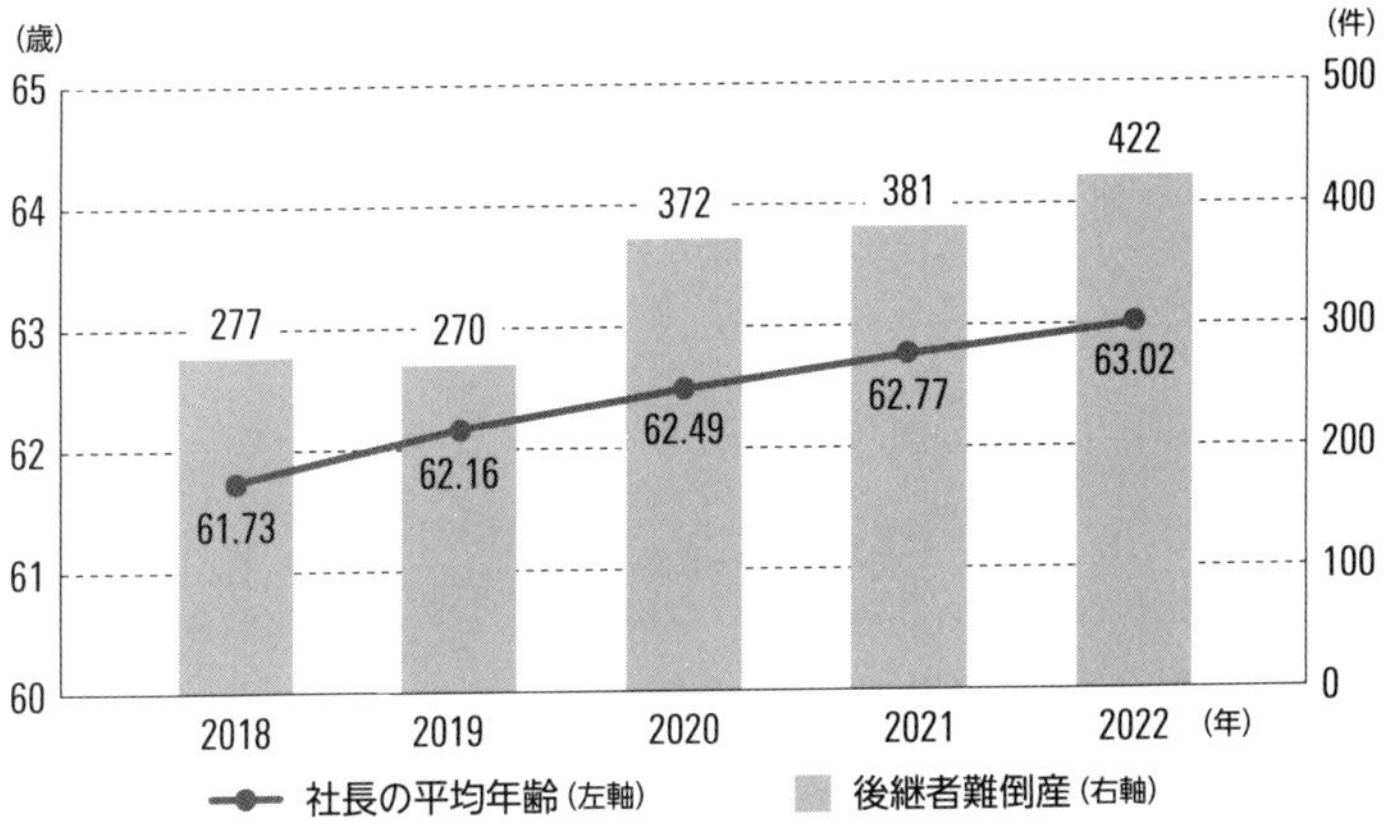

出典：東京商工リサーチ(2023年)

学生や若手が会社に望むことを知り、〝人〟に求められる企業へ

では、就活生たちは、企業に対していったい何を望んでいるのだろうか。

中堅・中小企業の中で新卒採用に成功している事例を見てみると、必ずしもすべての就活生が安定志向とは言えないことがわかる。

そこからは、中堅・中小企業なりの戦い方があることが見えてくる。

私が注目しているのは、以下の2社である。

1社目は、埼玉県入間郡に本社を構える石坂産業だ。

2代目社長の石坂典子さんが多くのメディアで取り上げられたこともあってご存じの方も多いと思うが、石坂産業はもともと産廃業者だった。

産廃業者には、あまりいいイメージを持っていない人が多いかもしれな

い。産廃処理の際に塵埃《じんあい》を出したり、焼却の際にダイオキシンなどの有害物質をまき散らしたりといったマイナスのイメージも強い。

実際、石坂産業もダイオキシン問題で周辺住民から疑いを持たれて、排斥運動まで起こされたこともあった。

しかし、石坂社長は産廃業者にまつわる負のイメージを払拭して、むしろ環境に配慮し、よりよい環境を創造していく企業への脱皮を図ったのだ。

本業の産廃事業でのリサイクル率を最大で98％まで高め、違法投棄の多かった周囲の森の生態系を再生して近隣住民に開放するなど、徹底した地域貢献も行った。

その結果として、周辺住民から圧倒的な支持を得るようになり、社員数も典子さんが社長に就任した当時の3倍にまで増えたのである。

石坂産業の理念は、

「ごみを、ごみとして、終わらせない」

という言葉に集約されている。

単にリサイクル率を上げるだけでなく、今後はごみをエネルギーに変換するというのが、石坂産業の将来ビジョンである。

誤解を恐れずに言えば、産廃業者に積極的に就職したいと思う就活生は少ないのではないかと思う。

しかし、ごみからエネルギーを生み出すという石坂産業のビジョンには、共感する就活生が多いのではないだろうか。

石坂産業の事例は、たとえマイナスイメージの強い業界や不人気業種であっても、明快な理念と将来ビジョンを打ち立て、それに向けて徹底的な実践を行い共感の輪を広げていけば、採用戦線で十分に戦っていけることを示しているのである。

もう1社は、長野県伊那市に本社を構える伊那食品工業である。

伊那食品工業というより、「かんてんぱぱ」ブランドの寒天関連食品で有名な会社、といった方が通りがいいかもしれない。

伊那食品工業の社是はとてもユニークだ。

「いい会社をつくりましょう」

この社是は、よくありがちな厳《いか》めしい言葉で塗り固められたものとは違い、まるで、社員に向かって呼びかけるような言葉である。

また、伊那食品工業の経営方針は、社員の幸福を追求する「年輪経営」である。

やはり2代目社長である塚越英弘さんは、樹木が自然に年輪を増やしていくように、あせらず、しかしたゆまずに事業を育てていくことを経営方針としている。急激な成長を望めば、社員に無理な働き方をさせることになってしまうからだ。

こうした言葉から明らかなように、伊那食品工業の最大の特徴は、社員を家族のように大切にしている点にある。

塚越社長は「従業員」という言い方が嫌いで、常に「社員」という言葉を使う。従業員は会社の命令に「従う人」だが、社員は「共に働く仲間であり、同志である」と位置付けられている。

「いい会社をつくりましょう」という社是は、社員という「同志」に向けた呼びかけであると考えれば、腑に落ちるものがあるだろう。

こうした伊那食品工業の理念が具現化されているのが、本社をとりまくように広がる「かんてんぱぱガーデン」である。

約3万坪という広大な庭園に、本社、工場、レストラン、美術館が点在し、地域の人々に開放されている。

いまや伊那市の一大観光スポットとなった「かんてんぱぱガーデン」は、そのほとんどを社員が手づくりし、手入れまでしているというのだから驚かされる。

独裁的なカリスマ社長が自分の趣味で庭園や美術館をこしらえるのはよくある話だが、社員自らが制作と管理を手がけ、しかも一般公開している私企業の庭園は他に類がないだろう。

この庭園が象徴しているように、伊那食品工業は社員の提案によって新製品の開発や新規事業の立ち上げが行われるケースが多く、それが48期増収増益という驚異的な成長の達成につながっているのである。

またしても誤解を恐れずに言えば、高校や大学を卒業して、「どうしても寒天をつくりたい！」と熱望する学生は、あまりいないだろう。日本中を見渡せば異様な寒天好きという学生が存在するかもしれないが、おそらくほんの一握りに違いない。

しかし、伊那食品工業には毎年１０００人を超える求職者が志願してくるというのだ。

それは、同社が持っている社員を大切にする社風や理念が、さまざまな形で就活生たちに知れ渡っているからである。

就活生は、社員を大切にする会社かどうかをよく見ているのだ。

会社選びは、業績ではなく、「どんな人がいるか」が判断基準に

中堅・中小企業ながらメディアに多く取り上げられ、採用実績を伸ばしている石坂産業と伊那食品工業を紹介した。石坂産業は産廃事業をエネルギー産業に脱皮させるという理念への共感によって、伊那食品工業は徹底的に社員を大切にする社風への共感によって、就活生を集めている。いずれも素晴らしい取り組みだといえる。

では、現代の若者たちは、本音のところで企業に何を望んでいるのだろうか?

すでに会社の退職を選択した社員の「不満の理由」を調べてみると、彼らの本音がよく見えてくる。不満は要望の裏返しなのである。

試しに、次の問いに答えてみてほしい。

・退職を選んだ社員の不満理由はどれか？ それぞれの「A」に当てはまると思うものを「選択肢」4つの中から選べ。

★入社3年目までに退職した社員の場合

1位 A

2位 人間関係がうまくいかない

3位 会社の文化になじめない

★入社3年を超えてから退職した社員の場合

1位 会社に将来性がない

2位 尊敬できる人がいない

3位 A

■選択肢

1 仕事内容が自分に合わない

2 企業の方針や組織体制・社風などとのミスマッチ

3 能力・実績が正当に評価されない

4 キャリア成長が望めない

弊社の調査によると、それぞれの「A」に当てはまる答えは、「4キャリア成長が望めない」である。

入社3年目までの社員の退職理由のトップが「キャリア成長が望めない」であることは、いったい何を意味しているだろうか。制度への不満だろうか、それとも仕事の内容そのものへの不満なのだろうか……。

答えは、そのいずれでもない。

「キャリア成長が望めない」という答えの「心」は、若手社員がふと上を見たとき、管理職の中に魅力的なロールモデルが存在しない、ということではないだろうか。

自分の未来像である管理職にまったく魅力を感じることができなければ、この会社にいても自分が成長していくと思えないのは当然だ。

もっとストレートに言ってしまえば、「ああはなりたくない」「あんな人が自分の未来像なのか」という管理職しか存在しないとき、若手社員は絶望して退職の道を選んでしまうのだろう。

この事実を裏返して考えてみれば、魅力的な管理職の存在は、その企業にとって有力な採用ツールとなり得るということがわかるだろう。就活生に「あんな人と働いてみたい」と思わせる管理職は、企業にとってきわめて有効な広告宣伝媒体なのである。


単に会社にぶら下がっているだけの管理職しかいないのか、それとも地に足をつけて会社を支えている管理職が存在するのか。

就活生は、インターンや企業説明会、あるいは採用面接を通して、それを肌で感じ取っているのである。


石坂産業や伊那食品工業の例が示すように、たとえ不人気業種や地味な産業であっても、人の採用はできる。

ただしそのためには、明確な理念の設定とその徹底、社員と会社の良好な関係性、そして魅力的な管理職の存在が必要不可欠なのである。

人材会社に頼らない！経営者が現場に出て、採用戦略を立てる

この章の終わりに、企業の採用活動において、経営者の姿勢がいかに重要かということをお伝えしておきたい。すでに、経営者が採用マーケットの実態を把握しておくことの重要性は述べている。人材会社や転職エージェントは転職を促し、転職者が多ければ多いほど儲かる。ただ私個人としては、こうしたビジネスが日本社会の豊かさに貢献しているとは到底思えない。しかし、彼らにとってこれは生業《なりわい》であるし、したたかな戦略であるともいえる。

経営者がこうした人材会社や転職エージェントの戦略に無知なまま、人事担当者に採用を丸投げしているとすれば、いったいどんなことが起こるだろうか。人事担当者は彼らの戦略にまんまとはまって、いくら合同説明会や転職セミナーにブースを出しても、人が採れない、あるいは、共感し

て入ってきたわけではないので採れたとしてもすぐ辞められてしまうという事態に直面する。そこで人材会社や転職エージェントへの依存をさらに深めてしまうわけだが、彼らのビジネスが転職件数の増加によって成長していくことを考えれば、彼らに依存している限り、腰を据えて会社に貢献してくれる人材の確保は容易ではない。

では、現場の採用担当者はどうだろうか。

一見客相手の商売だとしたら、そのお客様を言いくるめることができるかもしれないが、就活生にとっては人生がかかっている。人材会社や転職エージェントに小金を払って、楽にいい人材を採用しようと思っても、そうはいかないのである。不毛な採用活動を続けているうちに、多くの現場の採用担当者は疲弊してしまうだろう。

そして、それを経営者がいくら叱責しても、彼らにはどうにもできないのだ。私は、中堅・中小企業の現場の採用担当者は本当に辛いと思う。どうあがいても、まともな人材は採用できないのだ。

しかも、経営者がそれを現場の採用担当者の怠慢だとして責める一方だったら、彼らは腐ってしまうだろう。

一方、欧米の企業では、たとえ売上が何千億円規模という大企業であっても、「採用」というその企業にとって最も重要な仕事には、経営者が必ず直接的に関わるのが普通だ。採用チームの活動に寄り添って、アドバイスを与え続けるのが当たり前なのである。

私は時々、「ロクな人材が採れない」と嘆いているクライアントの経営者を、わざわざ先の「就職する気のない学生が集まるイベント」に連れて行くことがある。現場の採用担当の社員がどれほどやる気のない学生を相手にしているのかを、経営者に実感してもらうためである。

「こんな連中ばかり何百人も面接していたら、そりゃあ嫌になるよな」

ということを肌身で感じてほしいのである。

そして、人材会社や転職エージェントに依存することなく、自ら採用活動の現場に出て行って、まずは採用の現実に向き合ってほしいのである。

これは、中堅・中小企業にとってきわめて重大で急を要する課題だと思う。なぜなら、人が採れなくて経営に行き詰まり、身売り（M&A）に走る会社が急増しているからだ。にもかかわらず、採用のテコ入れをしない経営者が多いのは、いったいなぜだろうか？

図6は、一般的な企業活動の優先順位のつけ方を示したものだが、多くの企業（経営者）は「緊急度が高く、重要度も高い」ことを最優先に行う。これは当然のことである。

問題はその次だ。多くの企業が「緊急度は高いが重要度の低い」ことを、「いつかはやるべきで重要度の高い」ことよりも優先して実行してしまうのである。人間も組織も、重要性はわかっていても期限が決まっていないことは、後回しにしがちなのである。

そして本書のテーマである採用と管理職の育成は、まさに「いつかはやるべきで重要度の高い」課題の代表なのだ。

経営者は後回しにすることなく、いますぐ採用の現場に出て行って、自社が直面している「人が採れない」状況に向き合い、自ら採用戦略の立案に取り組むべきだろう。

図6▶企業活動の優先順位

緊急度／重要度	緊急	いつかはやるべき
高い	①	③
低い	②	④

↓

緊急度／重要度	緊急	いつかはやるべき
高い	①	②
低い	③	④

2番目にするべきことは、「いますぐではない」が、
「重要度が高いもの」と理解する。

出典：イマジナ

Chapter 3

いざ、「採用活動」。人材獲得への実践術

まずは、中期経営計画をベースに「人材ペルソナ」を明確にする

本章では、採用活動の実践的な方法について述べていくことにしよう。

最初に指摘しておきたいのは、日本企業にありがちな「なんとなく採用」はやめるべき、ということである。日本企業の一般的な採用のあり方は、ある意味、情緒的であり感覚的である。「就職は縁だ」とか「就職はお見合いだ」といった言葉もよく耳にする。

面接を受けにきた就活生を「なんとなく社風に合う気がするから」といった、漠然とした理由で採用してしまうケースが多いのだ。もちろん、何十人何百人に網をかけるようにして大量採用をする大企業ならば、多少の当たり外れがあってもいいかもしれないが、数人しか採用しない（できない）中堅・中小企業の場合はそうはいかない。採用の「精度」を圧倒的に高めなくてはならないはずである。

では、採用の精度を高めるには、いったい何をすればいいのだろうか？　最優先でやるべきことは、中期的な経営計画を策定することである。中期的な経営計画がすでにある場合は、その計画のどのあたりまで実現できているかを経営者自身が精査することだ。

その上で、「われわれはこの段階にいるから、このような人材が必要である」ということを明確にする。採用する人材の条件を明文化していくのである。このようにして確定された「採用するべき人材の条件」を落とし込んだ具体的なターゲット像のことを、「ペルソナ」と呼ぶ。

聞きなれない言葉だと思うが、この人材のペルソナ（ターゲットとなる人材の特徴）を設定する作業は、中堅・中小企業にとって非常に重要である。なにしろ中堅・中小業には余剰人材を抱える余裕などないのだ。社員全員に、明確なミッションを持ってフル稼働してもらわなくてはならない。そのためには、「現在わが社は中期経営計画のこの段階にあり、今後、このような事業展開が必要だから、こうした能力・スキルを持った人材を採用することが必要だ」ということを明確にすることが絶対的に重要なのだ。求める人材の輪郭をはっきりさせる、と言ってもいいだろう。

たとえば、弊社・イマジナの場合でいえば、単に一流大学を卒業した優秀な学生よりも、実家が事業を営んでいる学生の方が向いているという場合も多い。なぜなら、弊社の仕事の核心は「経営者に寄り添い、伴走すること」だからである。子どもの頃から、親が会社の経営に心を捧げる姿を見て育った学生は、経営者の苦労や悩みを肌感覚で知っている。だから、経営者の心に自然に寄り添うことができ、必要なサポートの提供もナチュラルにできる下地があるのだ。サラリーマン家庭に育った学生であれば、いくら優秀でもそうした感覚を持つことは難しいかもしれない。経営者は昼夜を分かたず仕事をしているものだが、決まった時間で働く親の姿を見て育った学生は、経営者の時間感覚にもついていけない場合が多い。

弊社にとっては、こうした条件も「人材ペルソナ」の重要な要素のひとつなのである。もし、採用すべき「人材ペルソナ」を明確にするという表現がピンとこなければ、「採用は投資である」と考えるといいだろう。

人をひとり採用するのは、この先何十年にもわたって年間数百万円の人件費を支払うということなのだ。これがもし設備投資だったら、経営者はいったい何を考えるだろうか。この設備は本当に必要なのか、自社の製品の加工に適しているのか、使い勝手はいいのか、耐用年数はどのくらいか、導入によって作業効率はどの程度アップするのか、安全管理は容易か、メンテナンス費用はどのくらいかかるのか、などなど……。微に入り細を穿《うが》った精査を行うだろう。

人材も投資対象だと思えば、その見極めはシビアになるはずなのだ。「なんとなくいいヤツ」「社風に合う気がする」などという理由で採用することなど、本来あり得ない。逆に言えば、「採用は投資だ」という明確な位置付けをしていないから、採用に中途半端な費用しかかけずに、あいまいな判断をしてしまうケースが多いのだ。あるいは、高学歴に引きずられて採用してしまった結果、まったく適性のない人材だったということもある。これは、雇われる側にとっても悲劇と言えよう。

まずは、「人材ペルソナ」を明確にすること。そして、「採用は投資である」という認識を経営者自身が明確に持つことが重要なのである。

事前準備として、自社の魅力といえる社会提供価値を考えていく

もう一点、いわば採用活動の「事前準備」として重要なのが、自社の社会とのかかわり方を明確にする作業である。自社の個性を尖《とが》らせる、エッジを立てると言ってもいい。

現代の若者は、ＳＤＧｓとか、グリーンエネルギーとか、ダイバーシティーといった言葉に惹《ひ》かれやすい。おそらく、こういった概念について学校で教わっているのもあり、環境問題や人道問題に関して地球規模での危機が進行中だという認識が強いからだろう。

だからこそ、就職を希望する企業がそうした社会課題の解決に取り組んでいるか否かを気にかける就活生も多い。

大企業の多くは、そうした就活生の意識に応じるために「弊社は、ＳＤ

Gsに取り組んでいます」とか、「アフリカの貧しい子どもたちのために○○をしています」といった記事を、必ずといっていいほど自社のHPに掲載している。

しかし、それが実勢を伴っていないこともある。

たとえば、脱炭素の重要性を謳《うた》うメガバンクが、石炭火力発電の新規建設に巨額の融資をするなどということが、平然と行われているのだ。そこには、地球環境や自然に対する本気の配慮などない。世界がそのような方向にシフトしているから、そうした流行に表面的に合わせているだけであって、まったく本気ではないのである。

こうした表面的な「地球規模の課題解決に向けた取り組み」を目の当たりにして、就活生が心の底から共感するだろうか？　私はしないと思う。そして、まさにここに、中堅・中小企業が就活生にアピールするチャンスがあるのだ。

学生が心の底から重要性に共感できる社会とのつながりを実現し世の中に訴求できるのは、むしろ地域との結びつきが深い中堅・中小企業の方なのである。

弊社のクライアントに長野県のメーカー・夏目光学株式会社という企業がある。創業は1947年の老舗メーカーだ。

本業は、半導体製造、医療機器、センシング、航空・宇宙関連、光通信用、レーザー加工、X線関連などのさまざまな市場に対応したレンズ・オプティクスの開発製造であるが、この会社は、小学生の企業視察を受け入れたり、小学生向けの「レンズづくりの体験教室」の開催や「学習キットづくり」を展開したりと、ものづくりの側面から地域の教育に貢献しているのだ。

日本は言わずと知れた「ものづくり」の国だが、少子高齢化による人材不足に加え、近年では「キツそう」といったイメージから業界への志望者が減少している。そうした業界的な課題もとらえ、「少しでも多くの人にものづくりの魅力を知ってもらいたい」という想いから始まったのがこの活動だ。

実際に、ものづくりをはじめとする細かに手先を動かす経験は、幼少期の子どもの脳にさまざまな刺激を与え、思考力や問題解決力を鍛えることができるともいわれている。地域の学校教育だけでは足りないことを、事業を通じて企業として提供しているのだ。

これによって参加した子どもからはもちろん、地域の子育て世代からも感謝の声が聞こえるようになり、ここで働く社員が自社に誇りを感じるようになっていく。わざわざ聞こえのいい遠くの国を支援するのではなく、近くの人たちを大事にすることで、Ｗｉｎ－Ｗｉｎの関係を構築しているのだ。これこそ、サステナブルである。こうしたリアルな「社会とのつながり」を聞けば、就活生は心の底からワクワクするのではないか。夏目光学は小さな会社ではあるけれど、この会社に人生を懸けてみようと思う若者は、決して少なくないはずである。いかに、就活生をワクワクさせるストーリーを提供できるか。これは、採用戦略において極めて重要なことであると同時に、大手よりむしろ中堅・中小企業の方が有利なジャンルである。

経営者は自社の事業を就活生の目線で見つめ直して、彼らをワクワクさせるストーリーを紡ぐことを考えるべきである。

企業にとっての採用活動。

どのようなツールを使うかを検討する

3点目は、どのような「採用ツール」を使うかを厳選するということだ。

採用ツールとは、人材獲得のための手段、つまり人材会社や転職エージェントであり、自社のHPやSNSであり、あるいは特定の学校とのパイプであり、リファラル（知人による紹介）である。なぜ採用ツールの選択が重要かといえば、名前を知られた大手の人材会社のビジネスが、ある意味で、中堅・中小企業の犠牲の上に成り立っている側面があるからだ。

すでに指摘したように、大手が主催する企業セミナーや合同の就職説明会の類いにやってくる学生の90％は大手志望である。ではなぜ彼らが、中堅・中小企業がブースを出展している説明会に足を運んでくるのかといえば、ギフト券がもらえるからであることは説明した。

つまり、中堅・中小企業が大手の人材会社を「適切な採用ツール」と思い定めて、そこにいくら金をつぎ込んだところで、それが狙い通りの採用に結びつくことはほとんどないのである。

この章の冒頭に述べたように、日本企業の採用活動の多くは「なんとなく」採用である。まるでお見合いのように、なんとなく気が合ったから、縁を感じたから、といった漠然とした理由で採用を決めてしまう。

私はこの手の採用の仕方は、地引網で魚を獲るようなものだと考えている。大きな網をバーっと広げて、網の中に入った魚の中から価値のありそうな魚だけを選び出しているのである。

そもそも自分たちはどんな魚がほしいのか明確ではなく、魚に対してこんなにおいしい餌があるぞというアピールもしない。なんでもいいからとりあえず網に入れて、その中からよさそうな魚を選ぼうというわけだ。

こうした採用方法を選択すると、例えは悪いが、よく新聞広告に登場する「万能高枝伐《き》りハサミ」のような人材を採用してしまいがちだ。万能ということは、たいていのことはできるが、人並み外れて有能な部分はそれほどないということでもある。

本来、中堅・中小企業には、そうした万能ハサミのような人材を雇用する余裕はないのだ。企業の成長において、どのフェーズでどのような働きをしてほしい人材かを明確にして（＝人材ペルソナ）、それに合致する人材をピンポイントで狙いに行くべきなのである。

それには、地引網方式はまったく向いていない。


では、どのような釣り方がいいのか？

ポイントはいくつかあるが、まずは、狙う魚がいる池や海に釣り針を落とさなければ意味がない。たとえば人材会社や転職エージェントを使うにしても、さまざまなタイプがある。比較的有名な大学の学生が多く登録しているところもあれば、学力に限定されないさまざまな要素を持ち味とする学生が集まるところもある。

あるいは、私の知っている人材会社には、性格面・能力面での「バランスのいい」人材よりも「人並み外れた個性を持つ」人材を集めているところもある。協調性はないが強烈な個性を持っている人材や、ある特定のことについて突出した能力を持っている人材は、周囲と違いすぎるあまり、時には問題児として扱われてしまうこともある。しかし、その違いを経営者が理解し、組織内でどのように活かせるかを考えることによって、いい仕事をしてくれる可能性も大いにあるのだ。リスクは高いが、求める人材ペルソナがはっきりしていれば、こうした「問題児採用」もアリ、といえばアリ。地引網採用とは正反対の方法ということになるだろう。

まずは、狙う魚がいる場所に釣り糸を垂らさなければ、そもそも狙いの魚が釣れるはずはないことを認識するべきである。

次に考えなくてはならないのは、どのような釣り針を使うかだ。

狙う魚がいる場所に釣り糸を垂らしても、魚に対して針が大きすぎたり小さすぎたりしては釣り上げることができない。鯛を釣り上げるのにイワシ用の仕掛けを使っても、糸を切られて逃げられるだけだし、逆にイワシを釣りたいのに鯛用の仕掛けを使っても、そもそも針が大きすぎてイワシには食いつくことができない。

たとえば私の知人で、コンサルタント会社の経営者はこんなことを言っていた。社員10人ほどの小さなコンサルである。

「うちぐらいの規模だと、2番手クラスの国公立大学の学生を採用するのが、一番難しいんだよね」

その経営者によれば、東大や京大の卒業生は、最初から中堅・中小企業を就職の対象とは考えていないから、そもそも狙わない。では、その次のランクの国公立大学の学生はどうかというと、東大・京大に対抗する意識が強すぎて、より大手志向が強い学生が多いというのである。

となると、この会社の場合、国立大学の卒業生を狙うよりMARCH以上の私大学生を狙った方が、入社してもらえる確率が高いということになるだろう。

人材会社を使うにせよ、学校に直接アプローチするにせよ、そこに自社が狙う人材が確かにいることが前提になる。

そして、その人材ペルソナに合わせた「釣り方」を考えるのである。あるいは、その会社ならではの独特の「釣り方」を編み出してもいいだろう。

「採用」にあたって、経営者がすべきこと、してはならないこと

次に、採用活動において経営者がやるべきこととやってはいけないことを考えておこう。

たとえば、現場の採用担当者から人材ペルソナにマッチする就活生と接触しているという報告が上がってきたら、経営者はどうするべきだろうか。私は、ある中堅企業の経営者が、現場の採用担当者が上げてきた候補者と面接をした後に、「いまの若者は意欲がないなんていうが、意欲のある、いい学生がいるものだと感心した」などと言うのを聞いたことがあるが、その採用担当者がそのひとりをつかまえるためにいったい何人の学生とコンタクトしたのか、それすら知らずにこんなことを言っている経営者は、それだけで失格だと思ったものである。

経営者がまずやるべきことは、採用の現場を見ること、知ることであり、

現場の採用担当の苦労に寄り添うことなのである。

その上で、経営者でなければできない仕事がある。それは、採用活動にスピード感を持たせることである。

現場の採用担当者から「いい人材と接触している」と報告があったら、管理職クラスの面接をスキップして、経営者が直接面接をすることを考えてもいい。もしもその人材が本当に必要な人材であると自分の目で判断できたら、その場で内定を出してしまってもいいのである。

稟議を通さなければ実行に移すことが難しい大企業にはなかなかできないことだが、中堅・中小企業ならばこうしたことも可能なのだ。

その結果、採用のスピードをアップすることができ、優秀な人材を他社に持っていかれるリスクを低減できる。就活生は、広い大海の中をあてどなくさまよっているような存在である。どんなに優秀な学生でも、最終的に就職できる保証はない。彼らは基本的に不安を抱えている存在なのだ。その不安定さの中に、中堅・中小企業のチャンスがある。

大海で進むべき方向を見失っている就活生に、早い段階で「こっちだよ」と糸を垂らしてあげれば、学生はそこに縋《すが》りほっと一息つけるだろう。そうすることで、望外の「大物」を釣り上げることができるかもしれないのだ。

しかし、その大物はひと息ついて生気を取り戻し、ふたたび大海に泳ぎ出してしまうかもしれない。早めに糸を垂らせば、それだけケアの必要な入社までの期間が長くなってしまうことも理解しておかなければならない。いずれにせよ、中堅・中小企業の場合、経営者が一人ひとりの就活生にスピード感を持って個別対応をしていくことが必要なのである。

また現場の採用担当者自身が適切な人材であるかどうかを見極めることも、経営者にしかできないことである。

私の知る限り、企業合同面接会などの面接の内容にはおざなりなものがとても多い。多くの企業が面接マニュアルを作成しているが、「ひとり当たり25分。弊社の説明資料を手渡して、質問は以下の7項目に限る」などといったことを事前に決めておいて、機械的に面接を進めていく場合が非常に多いのである。そんなマニュアルでガチガチに固められたつまらない面接を受けて、その会社に就職したいと思う学生が存在するだろうか。むしろ、「この会社に入ると、こんなつまらない社会人になってしまうのか!」と思う学生が多いのではないか。

最初にコンタクトする面接官の人間的な魅力がその企業の顔になってしまうのだから、それなりの人材を配置すべきであることは言うまでもない。そういう意味でも、経営者は絶対的に現場の採用担当者の能力を把握しておくべきである。そして、その採用担当者が自社のことを心から好きで、企業理念を正しく理解し、理念に深く共感していることを確認しておくべきである。もしもそうではない人材が現場の採用担当をやっていたら、即刻、異動させるべきである。

理念がしっかりと腹落ちしている社員は、前述した航空会社の例や映画館の例で見た通り、マニュアルにこだわって不適切な行動をすることがない。臨機応変に相手の出方に応じた面接ができるはずだ。そして、「これは！」と思う人材がいたら、その後のステップを飛ばしてでも経営者に報告を上げてくるだろう。

現場の採用担当として最良の人材を配置することは、採用活動における経営者の最大の仕事である。

そして、大企業に比べて経営者と現場の採用担当者の距離が近い中堅・中小企業は、「マニュアル通りのおざなりの面接」をしないことによって、採用活動における一発逆転を狙えるのだ。

「あの会社の面接、おもしろい。ワクワクする」といった噂がSNSなどで広まっていけば、良質な人材を数多く採用できる可能性が広がっていくだろう。

では、採用に関して経営者がやってはいけないこととは何だろうか。

それはひと言でいって、「昔と今の採用はまったく違う」という事実を理解しないこと、である。

すでに述べた通り、現代の採用マーケットは人材会社や転職エージェントが幅を利かせている。彼らはインターネットを駆使して、自社のサイトに学生を誘導し、さまざまな情報を与えることによって、自社にとって都合のいい振る舞いをさせようとする。

それは決してほめられたビジネスではないと私個人は思うが、採用マーケットで彼らの存在を無視することは、もはや不可能である。

経営者は彼らの振る舞いを熟知した上で、自分たちなりの特色を打ち出して、求める人材を確保することを考えなくてはならないのだ。

にもかかわらず、いまだに「採用は縁だ」とか「採用はお見合いだ」などと言ってはばからない経営者が多いのも事実だ。

こうした間違いを自ら正すためにも、経営者はとにかく採用の現場に出て行って、そこで何が起きているのかを見るべきなのである。

最後にもう一点だけ、経営者がやるべきことを指摘しておこう。

それは、「時流を知る」ということだ。

時流といっても、採用マーケットの時流のことではない。

そうではなくて、「自社の事業が時流に乗っているかどうか」を知るべきだと、私は思う。もしも、自社が就活生にまったく人気がないとしたら、その理由としっかりと向き合うべきなのだ。

たとえば、不動産会社などで多く見られることだが、営業の仕事の内容が「テレアポと飛び込み営業」だけという会社が、いまだに存在する。業務のイノベーションをまったくせずに「人が採れない」と泣きごとを言っている会社が多いのだが、採れないのは当たり前だ。せっかく大学まで卒業したのに、就職したら「テレアポと飛び込み営業」をやるのだと言われて、その会社に入りたいと思う就活生はおそらく存在しないだろう。

経営者は「人が採れない」という現実に直面したら、自社の事業が時流に照らしてどのような姿形をしているのかを直視した方がいい。その姿が時代遅れでみすぼらしいものだったら、採用を考えるより先に事業の改革を考えるべきだろう。

たとえば、弊社のクライアントのひとつに、事業の一環として商品のセールスプロモーションを手掛けている会社がある。この会社は変わっていて、なぜかドラッグストアの経営もしているのだ。

私は不思議に思って、経営者になぜ畑違いのドラッグストアの経営までやっているのかと、質問したことがある。

すると、「実際に店舗を構えてそこでプロモーションを打ち、顧客の様子をつぶさに観察してみないと、いいサービスは生み出せないからだ」という答えが返ってきて、驚いた。

その経営者は、自社が展開する販促施策のモニタリングをするために、自らドラッグストアを経営していたのである。そこまでして、自社のサービスを客観的に評価しようとしていたわけだ。

テレアポや飛び込みが営業のすべてであると思い込んで、そうしたストレスのかかる前近代的な営業活動を社員に強いている経営者は、それだけで経営者失格であり、そんな会社がいい人材を採用できるはずがない。

採用を考える前に、己の姿を客観的に知る努力をするべきだろう。

入社後の「新人教育」。研修の意味を理解させ、成長につなげる

この章の最後に、入社後の新人教育はどうあるべきかということについて、簡単に触れておきたいと思う。これは、次章の管理職の育成ともかかわる問題である。

まず、新人教育の期間は5～8年間必要だと私は考えている。教育内容が習慣となり、新人にとって「当たり前のこと」になるためには、おそらくこの程度の年月がかかるのである。その間にさまざまな教育プログラムを実施していかなければならないが、まず知っておいていただきたいのは、日本企業は人への投資が非常に遅れているという事実だ。

厚生労働省の発表した「GDPに占める企業の能力開発費の割合」を見ると、日本は先進国の中で断トツに低く、わずか0・1％しかない。トップのアメリカの20分の1であり、日米の国力の差が大きく開いてしまった

理由の一端を垣間見た気がする。日本は、「人の教育にお金をかけない国」なのである。

では、新人教育で何が最も大切かというと、「何のためにこの教育をやり、その結果（あなたに）何がもたらされるか」を明確にすることである。そして企業が行う研修が、決して無駄なものではないと新入社員に理解させるには、スタートが大切なのだ。

たとえば、多くの企業が新人研修の1回目に「マナー研修」を行っている。外部講師を招いたありきたりな研修が多いのだが、「他の会社もみなやっているからうちもやる」という程度の意識でやるのであれば、百害あって一利なしである。なぜなら、そうした研修を受けることで、新入社員の多くが「会社の研修プログラムは受けても意味がない、つまらない、役に立たない」と高をくくってしまうからである。だからこそ、新入社員研修はスタートが大切なのである。表面的でつまらないものが多いマナー研修ひとつとっても、内容を本気で考えて工夫すれば、意味のあるものに変えていくことができるはずだ。

マナー研修の定番、「あいさつ」もそうだ。社会人になったらあいさつをするのが当たり前であり、腰を何度にかがめて、相手から視線を外さないようにして……といったことを講師は教えるかもしれない。しかし、こうした表面的で形式的なことをいくら教えられても、新入社員はおもしろくないだろう。「マナーは、何のために必要なのか、なぜマナーを守る必要があるのか。それによって何が得られるか」が抜け落ちているからである。

では、私がマナー研修を請け負って、あいさつの重要性を新入社員に伝えるとしたら、なんと説明するだろうか。私の答えは、「あいさつとは、相手の体調と精神状態を知るための、情報収集活動である」だ。あいさつとは、決して礼儀を守るためだけにするものではない。声のトーンや表情から、相手の状態を把握するためにするものなのだ。

上司になったとき、あいさつの習慣を持っていれば、部下の「おはようございます」というひと言で、その日の部下の「調子」を把握できる。その調子に応じた接し方をすることで、部下の精神のケアもできるし、仕事の与え方を調整することもできるだろう。あるいは、ビジネスの相手とあいさつを交わせば、相手が目の前の案件にどれだけ熱意を持っているのか、あるいはなんらかの不安を抱えているのかが瞬時にわかるだろう。

あいさつには、それだけのパワーがあるのだ。だから、社会人になったらあいさつをするべきであり、それはあなたの社会人としての人生にとって、強力な武器になるはずである……。

このように、「何のために、なぜやるのか、そして何が得られるか」をしっかりと説明していくことで、一見退屈なマナー研修も、意義深いものになっていく。

受け取る姿勢によって選択が変わり本人の可能性が広がる。だからこそ、その研修がどう自分にとってプラスになるのかを伝えることが重要だといえる。新人教育では、学ぶ意味を理解させ、学ぶ姿勢を正し、その先にどんな将来が待っているのか、までを教えていくことが大切なのだ。

生産的な仕組みづくりで、努力が報われる組織に！

〜山梨県知事 長崎幸太郎氏×株式会社イマジナ代表取締役 関野吉記〜

山梨県が推進する「豊かさ共創スリーアップ」。
ここには、企業が取り入れるべき点が数多くある。
その展開から、人材獲得・人材育成への発想を学んでいく。

Special Conversation

特別対談

右▶ 山梨県知事 長崎幸太郎氏
左▶ 株式会社イマジナ 代表取締役 関野吉記

“人”を惹きつけるための装置づくり

関野　人手不足感が高まりつつある日本ですが、特に地方は深刻です。過疎化が進み、企業は優秀な人材の獲得に苦戦し、DXの波にも乗り遅れています。働いた先の未来が見えないから、若者もどんどん都心に移住して故郷に戻ってきません。ここ数十年繰り返されてきた光景ですが、山梨県は、着実に変化を起こし始めています。

長崎　国全体が少子高齢化時代に突入する中、いま本気で手を打たないと取り返しのつかないティッピング・ポイントになります。そこで山梨県では行政と企業とがタッグを組み、新たな取り組みを始めています。

関野　長崎知事は2019年に山梨県知事に就任されました。地域創生の施策のど真ん中に、「人材育成」を掲げられたのが実にユニークです。どういった経緯から生まれた発想ですか。

長崎　私は1991年に大学を卒業して旧・大蔵省（現・財務省）に入りました。当時の日本社会はまだ若者が多い時代で、「君たちの代わりはいくらでもいる」と言われていました。実際、私もこの言葉を投げられたことがあります（笑）。しかし、時代は変わり、いまや若年労働者は非常に希少な存在となっています。仕事のやり方や、キャリアアップの方法から見直さないと、特に地方は選ばれません。

逆にいえば、地方でも頑張って働けばちゃんと評価されて収入が確保できる、ということを実感してもらえたなら、事態は変わると思うのです。

関野　それを具現化したのが「豊かさ共創スリーアップ推進協議会」ですね。実際に山梨県は2021年、2022年と2年連続で転入超過を記録しました。ただその一方で人口全体を見ると、2023年には県人口が80万人を割り込み、「人口減少危機突破宣言」も発表されました。このまま人口減少していくのか、踏みとどまるのか、はたまた移住先として人気を集めていくのか、いまが重要な過渡期です。

長崎　2021年、2022年の転入超過の背景には、コロナ禍もありました。都心では「三密回避」で行動が制限されましたが、山梨県の大自然では伸び伸びと暮らせます。ITも進歩し、地方にいてもオンラインで仕事ができるようになりました。

地方に移住される方や、二拠点生活を始められる方が増えたのです。特に山梨県は中央本線の特急「あずさ」や「かいじ」を使えば、1時間半ほどで東京・新宿に出ることができます。普段は南アルプスや八ヶ岳など大自然のふもとで生活し、たまに都内に出社できる地の利は大きいです。

ただし、恵まれた環境に胡坐《あぐら》をかいている余裕はありません。コロナが落ち着き、在宅勤務からオフィス出勤に回帰すれば、「山梨県には仕事がない」ことがデメリットになるかもしれません。あるいは仕事があっても、「将来の子どもの教育や、親の介護まで考えるとやはり都心がいい」となる可能性があります。

仕事・生活・家族・教育すべての要素に安心を感じてもらい、「山梨県に住みたい」と望まれるようになるのが目標です。

関野　長崎知事の取り組みは、企業誘致や働き手の人材育成、企業の生産性向上やDX、そして教育改革と、一見どれも単体の施策に見えますが、実はすべてつながっているということですね。

長崎　そういうことです。山梨県で幼少期から壮年期、老後まで、豊かに生活していける未来図を描くことが最終的なゴールとなっています。

企業も働く人もともに豊かになる。「スリーアップの法則」とは

関野　山梨県が展開している「豊かさ共創スリーアップ（推進協議会）」について、詳しく聞かせてください。

長崎　山梨県で事業を営む企業に対して、「3つの向上（アップ）」を呼びかけ、実現を目指しています。その3つとは、次のことです。

・「働き手のスキルアップ」

・「企業収益のアップ」
・「賃金のアップ」
これは別々の向上目標ではなく、すべてが円状になり支え合う構造です。

行政でありがちなのは、困っている企業や人々に「助成金」や「補助金」を出す行為。もちろん現在困っている人への援助や、成長のための後押しとしては必要かもしれませんが、支援・援助・応援は持続可能でなければなりません。

そうしたときに補助金や助成金などの外的サポートには限界もあります。

仮に「3年間は助成金があったから続いたけれど、助成金が尽きたら廃業」

では困ります。「最初のエンジンとして助成金が機能し、3年目からは自走できるようになる」などの状態を目指さなくては。やはり企業や個人の幸福の原資は、各々の「成長」から生まれるべきです。頑張って働いた分だけきちんと成長して収益も給料もアップしていく。そのための環境づくりや舞台回しを行う役割が、行政にはあると考えています。

関野　ちなみに「スリーアップ」の発想につながった原体験はありますか。

長崎　実は以前、県の労働組合と企業経営者が意見交換したとき、双方の主張に隔たりを感じたことがきっかけです。企業は「利益が上がらないことには賃金アップができない」。労働組合は「ならば内部留保を出せ」と力説する。お互いの主張は理解できますが、反目し合っていても何も変わりません。もう少し生産的な仕組みをつくれないかと考え始めたのがきっかけです。企業が従業員を搾取する構図はよろしくないですが、一方で働く人も会社任せではだめですよね。目指すべきは、「自分が努力した時間や挑戦がきちんと報われる社会」です。

だとすれば企業だけが頑張ってもだめだし、従業員だけ努力しても難しい。行政が補助金だけ出し続けても「成長」は生まれません。企業も労働者も、ともに頑張る協力体制を築く――。「共創」を軸に、みんなが豊かになっていく「Ｗｉｎ－Ｗｉｎの関係」を実現しようと模索してきました。

関野　「スリーアップ」を目指すための具体的指針も出されていますね。理念に賛同した企業は、次の5項目に取り組むことが推奨されています。

①「経営方針等の共有」：企業の将来像について経営者と従業員が共通の理解を持つ場を設けている。

②「意見等の尊重」：従業員の意見や要望をくみ取る機会を設けている。

③「スキルアップへの取り組み」：やまなしキャリアアップ・ユニバーシティが提供する講座など生産性向上に資するリスキリングの機会に参加する意向がある。

④「収益アップへの取り組み」：働き手のスキルアップによる生産性向上や

業務改善、働きやすい職場環境づくりに取り組んでいる。又は取り組む意向がある。

⑤「賃金アップへの取り組み」：適切な評価を行い、賃金アップなど就労環境の改善に取り組んでいる。または取り組む意向がある。

長崎　この5項目は大まかな指針です。実際には、企業ごとに独自の取り組みをしていただいて構いません。ですが最低限ここに挙げた「5項目」だけは基本中の基本として主軸に据えていただきたい。

関野　5項目に分けられてはいますが、一言で言うと、「働く人を大切にしよう」というメッセージが浮かび上がってきますね。

長崎　働く人、企業経営者、行政の3者で結ぶ「社会契約」といえるかもしれません。では、どんな契約か。それは「富をともに生み出していこう」「生み出した富は貢献度に応じて、適正に分配しよう」「それらは信頼できるシステムに則り行うことにしよう」という約束です。

社会全体がどの方向に向かい、何をすればみなが豊かになれるのかを考えるのが、我々行政の使命でもあります。

〝人〟こそが宝。「人材投資はできない」という声を封じる

関野　「ともに豊かになる」といっても、何から始めればいいのかわからないという個人や企業も少なくありません。そこに具体的な方向性を提示することは、非常に有意義な施策だと感じます。

実際、多くの企業でありがちなのは「企業の利益アップ」を目指すあまり、「働き手のスキルアップ」と「賃金アップ」を後回しにしてしまうことです。「人材育成をする余裕がないんです」と経営者らは言いますが、それだと結局「企業の利益アップ」も実現しないんですよね。あるいは一時的に利益が出ても、人を大切にしない企業から人は去っていきます。新しい若者も入ってこないでしょう。結果的に将来的なデメリットにつながるこ

とに、そうした企業が気づいてくれるといいのですが。

長崎　「うちは零細企業だから、人材育成なんか手が回らないよ」という声は本当によく聞きます。あるいは「効率化」を目指すあまり、人への投資よりも、機械への投資といった発想に偏ってしまう企業も……。

関野　「効率化」「生産性向上」＝「人をロボットのように扱うこと」だと勘違いしている経営者は多いです。もっと悪い例では、「うちは社長以下、みんな〝学〟なんかない。下手に高学歴な社員がいたら扱いにくい。そこそこの人間でいいんだ」と言い放つ経営者も。人口減少の時代、「そこそこの人間」すらいなくなりますよ、と私は言いたいのですけどね。

そもそもロボットやＡＩが普及すれば、「そこそこの単純作業」なんていくらでもロボットやＡＩが代替するようになるんです。そこに人をあてがう時代はもう終わる。むしろ人間は人間にしか生み出せない価値を提供しないと企業利益は上がらないし、日本経済も成長しません。部下の人材育成以前に、経営者自身が勉強して、自らスキルを上げていかないことにはもう立ち行かないと思いますが、その危機感はいまだ広まっていません。

長崎　若者に単純作業のみをさせるような現場も、いまだ存在しますからね。でも、それはあまりにももったいない。反対に若者だけ大切にしろ、という話でもないんです。若者には若者にしかできない仕事があるし、シニアにはシニアにしかできない仕事があるわけです。

そこは従来のような「上下関係」よりも、世代や能力別の「役割分担」の世界になっていくのではないでしょうか。

これまで電話とファックスで仕事をしていた工場に、優秀な若手が飛び込めば、DXで一気に生産性がアップするかもしれません。人材が流動化すれば、新しい視点から事業が活性化することだってあるでしょう。それを「現状維持でいいや」としたら、後は衰退するだけです。

関野　「やまなしキャリアアップ・ユニバーシティ」では、「スリーアップ推進宣言」をした企業の経営者や従業員、山梨県内で求職中、あるいは起業を考える人たちに向けた専門的な学びの場を提供されています。

素晴らしいのは、単に「講座を用意しました」だけではなく、メンターがつき、キャリアアップや学習の計画もともに立ててくれる点です。修了後は修了証授与だけでなく、実務での実践も用意されている。そのすべてにおいてメンターという伴走者がいることの心強さは大きいです。

私も日頃コンサルティング業務を行っていますが、この「伴走」が大切なんです。相談を受け付けて、知識を施して終わりではないことが。

長崎　まずは実例をつくることが大事ですね。理念を示し、学びの機会を提供するだけでなく、「実際にこの仕組みを使ってこう変わったよ」と実例を見せることで初めて納得する人も多いはずです。

たとえば、シングルマザーなど経済的に厳しい状況にある方にＩＴを身につけていただくプログラムにも取り組みます。

どの企業もＩＴ技術者が枯渇しているはずです。だからこそ、ＩＴ技術者養成プログラム修了者には、そうした企業への就職という出口も用意します。ＩＴ技術者は比較的どこでも働けるので、育児と仕事の両立もしやすいはずなんです。

関野　ＩＴをはじめさまざまな能力を身につければ、将来的な可能性が広がります。基礎的な知識に実践が加われば、多くの企業から求められる人材になります。

「頑張った人が、ちゃんと報われる社会をつくる」というのは、長崎知事の理想に一貫して流れるひとつのストーリーなんですね。

長崎　昨今はシニア層のリカレント教育やリスキリングなどが注目を集めていますが、それ以前に中間管理職世代の悩みもあると思っています。

これまでの日本の組織は基本的にＯＪＴ中心でやってきましたよね。私自身、旧・大蔵省時代に専門的な研修を受けたのは、入省3年目に海外留学に行く前のタイミングくらい。それ以外はみな先輩や上司の仕事の仕方を見て覚える形で吸収していきました。「オン・ザ・ジョブ・トレーニング」といえば聞こえはいいですが、要するに先輩のやり方の踏襲です。上に立つ先輩や上司の色に染まることが、企業における「学び」だった時代だったかもしれませんが、今後はそれでは成り立たなくなっていきます。

若者の人口が多く、「いくらでも代わりがいる」時代は過ぎ去りました。組織は「働きたい」と願う人を選ぶ立場から、選ばれる立場になってきています。では、若者が「働きたい」と思う職場はどんな職場でしょう。

それは「成長できるような学びの機会を与えてくれる職場」なんですよ。

いまの若者は成長志向だといわれています。でもそれはいまに始まったことではなくて、昔から若者は成長志向だったし、学ぶ意欲もありました。

ただ昔は「組織で成長する」ことが一般的だったのに対し、いまの若者は「個人で成長する」意識が強いことが大きな違いです。かつて就職は一世一代のもので、ひとつの組織に所属したら定年退職までいるのが一般的でした。でもいまの若者は、いくらでも所属する組織を移り歩いていきます。「自分はこの組織にいても学べない」「古い世代の慣習を叩き込まれるだけだ」と感じれば、若者はさっさと別の企業に転職するのです。若者の「学び」「リスキリング」への意欲に向き合うことの重要性に、我々世代も気づく必要があるでしょう。

苦悩するミドル層に再教育を!

関野　昔に比べて転職を複数回行う若者は増えています。ただ一方で、転職ってそう甘いものでもないんですよ。

よくCMなどでは「転職すれば給料が上がる!」などと謳われていますが、転職して給料が上がる人は、ちゃんと実力が積み上がっている人だけです。１社目で成長できずに転職して、２社目以降でも成長できず転職を繰り返している人は、給料も上がりません。県が旗振り役となって、しっかりした学びやリスキリングの機会を提供することは、企業にとっても働き手にとっても、とても有意義なことだと思います。

長崎　おそらく、企業の教える側も困っていると思うんですよ。だって自分たちはＯＪＴでやってきたのに、いざ後輩や部下に教える際は、「きちんとメソッドに則って教えるように」と言われるわけでしょう。でも、自分たちだって学んできていないことをできるはずがありません。

中間管理職の疲弊も深まっています。

昭和世代の働き方と、平成・令和の若者の働き方の価値観の違いに苦しんでいる人も多いはずです。

「働き方改革の時代だから」と課題だけ提示されて、「後はあなたが考えて」「管理職なんだから適切に指導・管理するように」と無茶ぶりされ、なかばブラックボックス化しています。

育休や介護もそうですよね。いまは仕事も育児も介護も両立させる時代だ、というプレッシャーだけが積み上がり、どうやって両立すればいいのか具体事例は存在しない。ロールモデルもいません。

そういったミドル層、中間管理職層がどう振る舞い、行動し、指導すればいいのかというマネジメントも、改めて学んでいく必要があります。

関野　起業もそうですね。家賃も人件費も高い大都会で起業するよりも、広々とした地方で、起業前から起業後まで自治体がしっかり伴走してくれるとなれば、若者は新たな選択をするかもしれません。

「選ばれる組織」になるために、共有ストーリーを語ろう

長崎　私の目標は、成長志向の強い若者たちが、財務省より、霞が関より、「山梨県庁を選ぼう」と目指してくれるような組織をつくることです。
実際に以前、若い職員で能力も意欲もある人に海外留学をさせＭＢＡを取らせる取り組みはどうかという議論をしたことがありました。

関野　いいですね。行政機関に優秀な人材は多いですが、実際にビジネス現場で働いたことがないと、やはり視点が固定化してしまいます。
広い視野や体験を得るために、民間企業で一定期間学んだり、ＭＢＡを取ったりというのはいい試みだと思います。

長崎　ただその提案は、人事当局から反対を受けました。「そんなことをしたら、その優秀な若者は資格を取ったと同時に辞めちゃいますよ」と。

関野　すぐに民間の大手企業に転職するだろうということですね（笑）。

長崎　でも、それでいいんです。山梨県庁で勤めれば成長できるというモデルを示せたら、仮に一人が辞めても、新たに5人意欲ある若者が入ってきてくれるかもしれません。そのほうが組織としても効果は高いはずです。

あるいは仮にその若者が県庁を去ったとしても、もともとは公務に魅力を感じて就職してきたわけです。民間企業で経験を積んだ後、再び行政の世界に戻ってきてくれるかもしれません。民間企業内で行政にかかわる仕事に就く可能性だってあるでしょう。そうなれば共通の言葉で語り合うことも可能です。そういうことを説明したら、ようやく「そうかもしれませんね」と納得してくれました。

関野　そういう決断や、将来図を描く作業は、トップリーダーしかできません。でもそれをやるリーダーは意外と少数派なんです。これまで何とかうまくやってきた組織で、自分が「改革」を起こそうとすれば、失敗するリスクもあります。やり方を大きく変えることで、内部や周囲からの反発やネガティブな意見が飛んでくる可能性もある。だとすれば、期間の限られた自分の代では余計なことをせず、現状維持で次にバトンを渡すほうが安全です。そうやってさまざまな問題が次世代に引き継がれてきました。

長崎　その点、私は時代が後押ししてくれた面もあります。新型コロナの感染拡大が起こり、「タブー」とか「前例」とか言っていられなくなった。天下の一大事を前にすれば、各部署とも反目をしている場合ではありません。できることはなんでもやらなければと、みなが危機感と決断力を共有できたのは大きかったと思います。

関野 組織改革を成し遂げる重要な要素として、「大義をストーリーとして語り、みなと共有する」ことが挙げられます。「なぜ、いま、我々がそれをしなくてはならないのか」という理由と、「将来のために、いまこれをする」という目標を、どれだけ組織の末端まで理解させられるかが重要なポイントになるんです。

その改革がどれほど素晴らしくても、現場の人間からすると、仕事が増え、さらにこれまでとやり方を変えなくてはならない分、負荷がかかります。窓口の職員も、質問が増えたり、なぜ変えるんだとクレームがきたりするかもしれません。そのときに職員がみな「このような将来のために、いま頑張っている」と共通の意識を持つことができれば、結果も変わってくるんです。日々の仕事のモチベーションも上がるでしょう。だから組織のリーダーは、「正しいことを、信念を持ってやる」以上に、しっかり周囲の人間にストーリーを語り、未来図を伝える必要があります。各課、各部が取り組む作業が「点」だとすれば、そうした複数の「点」をつなげて、「線」にして「面」にしていくビジョンを伝えなくてはならないんです。そうした点のひとつが、山梨県として力を入れる学校教育の改革ですね。

ベターな選択ではない、マストな選択をせよ

長崎　山梨県の公立小学校は、国が定める「35人学級」から「25人学級」へ人数を減らしました。少人数学級で一人ひとりに応じた学びを実現するためです。

そもそも一人の先生が同時に目を配れる最大の人数は、およそ25人といわれています。それ以上になると、どうしても目を配れない子が出てきてしまう。支援が必要な子への合理的配慮もしにくくなるのが現状です。

従来の公教育はいわば〝幕の内弁当〟でした。主食も副菜も事前にすべて決められて、子どもも親も選択する余地がありません。

足らない栄養素や不要な部分があっても、すべて飲み込まなくてはなりません。それをもう少し個人の個性や特性に合わせた学びが選択できるようにすることを目指します。

関野　公教育改革は、それこそ行政トップが意欲を持って取り組まないと進みません。

だから企業における「人材育成」と根っこは非常に似ています。子どもがちゃんとした教育を受けられているという安心感がなければ、大人も仕事に身が入りません。そして、個性や資質に合わせて仕事の「役割」を担う姿勢というのは、子どものころから身につくものなのです。

長崎　もうひとつ意識しているのは、日本でここ数十年進んできた格差問題です。

いまの日本では、親の収入格差が、そのまま子の体験格差、教育格差に通じてしまう問題があります。どんな家庭環境でも、個別に塾に行くなどの策をとらずとも、ちゃんと学べるような環境を用意したいのです。

　発達障がい児への支援もマストですね。特性により授業に集中することができず立ち歩いてしまう子がいた場合にも、35人学級に比べ、25人学級では、よりきめ細かな指導ができます。これまで学校生活に自信を失い、不登校になっていた子どもたちもこのような指導により学びを充実させることができます。

　学びに柔軟性を持たせ、子どもたちの未来がつぶされてしまうことのないようにしていきたいのです。

関野　実は企業と教育の連携というのは、アメリカでは最先端の企業が積極的に取り組んでいるテーマです。発達障がいの子の中には特定の分野で才能を見せたり、たぐいまれなる集中力を持っていたりする子も多く、そうした子が将来イノベーションを生むこともあります。あえてそういう子たちを集めて教育する機関もあるくらいです。

長崎　これから労働人口が減っていく時代に、学校教育が未来の可能性を損ねてしまうようなことがあれば、それは大問題です。環境さえ変われば、豊かな感性や能力を伸ばしていける子は大勢いると感じています。

関野　山梨県は「教育」に力を入れています。現在の小学生も10年、20年後には立派な社会人です。

こうした県主導の教育改革は、企業にとっても実は最大のチャンスなんです。働き手が企業を選ぶ際、すなわち生活する場所を選ぶ際、その地域にいい学校と、いい医療機関と、いい福祉施設・サービスがあるかどうかが大きな決め手になるからです。都心では中学校受験も過熱していますが、すし詰め状態の通勤列車に乗せて我が子を送り出すのと、自然が豊かで個性を伸ばす方針の教育環境で我が子を育てるのとを比較すれば、地方で子育てをしたいと願う子育て世代もきっといるでしょう。

今後は企業も、「地域社会との共生」がテーマになっていくはずです。これまでは「企業誘致＝雇用創出」の文脈でのみ語られがちでしたが、今後は「その土地との共生」が一段と求められるでしょう。企業はその土地や地域に貢献しないと、今後は選ばれないということです。その土地の子どもたちの学び、従業員の子育て環境、地域の高齢者の生活環境も含めて、地域と課題を共有し、ともに解決する関係性を築いていかないと、長いスパンでの発展につながらないのではないでしょうか。

長崎　同時に私たち行政サイドも、企業の貢献を求めるだけでなく、「この土地を選んでよかった」と企業経営者に思っていただけるような関係性を築いていきたいですね。たとえば企業の協力で育った子どもたちが、将来の有望な働き手になる、あるいは会社の潜在的顧客になるような関係性もあるでしょう。

黒澤明監督の映画『七人の侍』ではありませんが、一人ひとりが能力を発揮して、企業や地域を盛り立てていき、かつ自分らしい人生を歩んでいける――、そんな山梨県の姿を目指していきたいです。

関野　少子高齢化・人口減少・人手不足・地方の過疎化など、さまざまな課題がある中で、山梨県がいま取り組まれていることは、「そういう手もあるよね」という〝ベターな選択〟ではなく、「いまそれをしなくては取り返しのつかないことになる」という意味で〝マストな選択〟だと思います。課題を先送りせず真正面から向き合い、その先に豊かな共生社会を描く。そんな自治体が今後増えていけば、日本の未来にも光明が差し込むのではと希望が膨らみます。今日はありがとうございました！

長崎　ありがとうございました！

Chapter

4

「管理職育成」。
これが、成長企業のキーワードに

〝管理職〟が魅力のない立場に。まずは、これを是正する！

ここまでの章では多くの中堅・中小企業の重要課題である「採用」と「管理職の育成」のうち、「採用」について述べてきた。

ここからは「管理職の育成」について考えていくが、これまで何度か指摘したように、採用と管理職の育成は密接にかかわっている。

前述の通り、現代の若者の約83％が管理職になりたくないと考えているわけだが、これは単に現代の若者が責任を負いたがらないとか、プレッシャーから逃げたがっているといった「若者サイドの問題」ではない。現実の管理職の姿を見て「ああはなりたくない」と思うからこそ、若者は管理職を目指そうと思わないのだ。

とある人材会社の調査によると、若手社員が会社を辞めた理由のトップ3は、以下のようになっている。

1位　上司がビジネスパーソンとして尊敬できなかった。
2位　上司からの理不尽な要求が多かった。
3位　上司から威圧感を感じていた。

部下は、上司が考えている以上に上司をよく見ているのである。

では、就活生はどうだろうか。

インターンや採用面接を通して魅力的な管理職に出会えば、当然、あんな上司のもとで働きたいと思う就活生は多いだろう。

反対に、出会う管理職が魅力に乏しかったらどうだろうか。せっかくその企業に関心を持ち始めた就活生でも、ヨレヨレのスーツを着たやる気のない管理職が面接官として出てきたら、興味も関心も一瞬で失せてしまい、「こうはなりたくない」と思うだろう。

管理職はその企業を象徴する「モデル」であり、採用活動における重要な「広告媒体」でもあるわけだが、残念ながらわが国の管理職には魅力的な人材が乏しいのが現状なのである。

図7に示すように、内閣官房の「プライム市場時代の新しい企業組織の創出に向けて」という調査（2021年）では、海外の企業の管理職に比べて、わが国の管理職層のマネジメント能力（「部下に説明する能力」や「部下の業務を管理する能力」）が段違いに低いという結果が出ている。

その弊害として、以下のような問題が生じてくることが想像できる。

- **若手の教育ができないから若手が育たない**
- **（自身の能力が低いために）仕事にやりがいを感じない**
- **会社に誇りを持つことができない**

図7▶日本と海外の管理職層・マネジメント能力

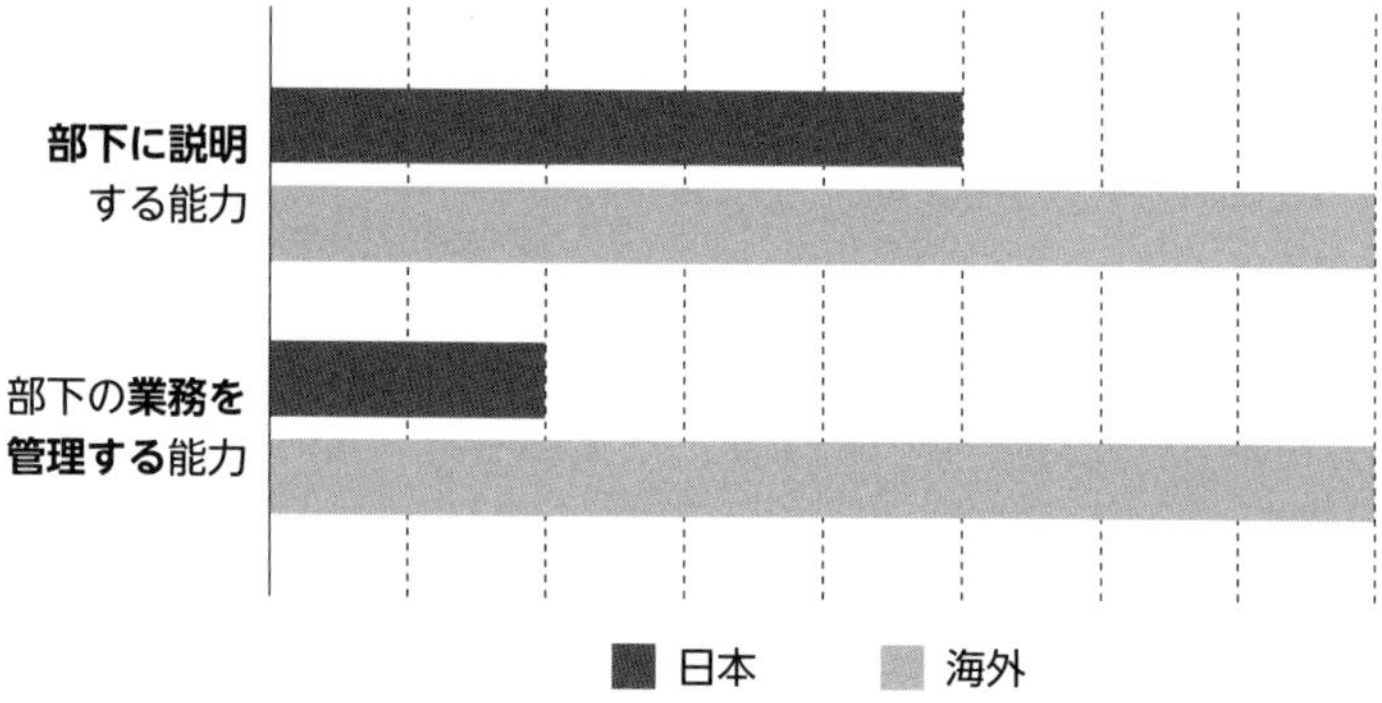

出典：内閣官房「プライム市場時代の新しい企業組織の創出に向けて」調査（2021年）

・自分の頭で考えて仕事をすることができない

しかも、こうした「管理職問題」は、会社側（経営者）も十分に把握していることが、以下の数字からわかるのである。

【管理職育成に課題を抱える企業　94％】
（総務省「人材育成等に関する調査結果概要」）

ではなぜ、日本の管理職はマネジメント能力が低いまま放置されているのだろうか？

ある調査で、管理職の中で「特に仕事のための学習をしていない」と答えた人の割合をグローバルに比較したところ、日本は断トツに低い数字が出たという。実に日本企業の管理職の半数が、「学習をしていない」と答えているのには驚くほかないだろう。

こうした数字は、いったい何を意味しているのだろうか？

日本企業の管理職は、そもそもの能力が低い人がなるものなのか。それとも、学習意欲が低い人がなるものなのか……。私はそのいずれでもないと思う。日本の管理職は学習能力や意欲が低いわけではなく、決定的に、教育を受ける機会と時間を与えられていないのだ。

いつの頃からか、日本企業の多くがプレイング・マネージャーなどという言葉を使うようになって、管理職と担当者の境界線をなくしてしまい、管理職に担当者レベルの実務を兼務させるようになった。

その結果、管理職は多忙になり、部下に仕事内容やその仕事をする意義を説明する必要性や、部下の業務を管理する手法について学ぶ機会を持てなくなってしまったのだ。

これが、日本の管理職のマネジメント能力を著しく低下させてしまった要因であり、若手の約83%が管理職になりたくないと思ってしまう根本的な原因でもある。忙しいばかりで、若手を導き育てる能力に乏しい管理職なんて、どう考えても魅力がないではないか。

教育を重要視しない企業では、頼れる管理職が生まれない

こうした事態が日本企業で常態化しているのは、そもそも経営者が教育の重要性を理解していないからでもある。

経営者が教育の重要性を理解して、管理職教育に十分な金と時間を投資すれば、管理職は部下に対して教育の重要性を伝えることになるだろう。その部下が管理職になれば、やはり部下に対して「お前たち、教育は重要だぞ」と伝えるようになる……。

こうした連鎖ができていけば、「教育」はその企業の文化になり、当たり前のこととして受け取られるようになっていくはずだ。

しかし、日本の経営者のほとんどが、管理職育成に向き合ってこなかった。その大切さに気づけないこともあるだろうし、その余裕がないからでもある。日本企業が「管理職の育成に課題を抱えている」、その責任の一端

は経営者が担っており、だからこそこれが企業にとって今後一番に向き合うべき課題なのである。

同時に、社員教育に金と時間をかけないのは、わが国の伝統でもあるようだ。実際、いまだに「会社は勉強する場ではない」と考えている経営者がいることも確かだ。彼ら自身が金と時間をかけた教育を受けてこなかったからこそ、そういった考えが生まれるのだろう。

では、欧米をはじめとした海外の企業はどうだろうか。

弊社・イマジナが調べたところによると、世界の経営者・管理職はマネジメントや部下の育成方法について、年間60時間〜80時間学ぶのが一般的となっていた。そして、福利厚生の柱が「教育」であるのも普通のことなのである。

たとえばNASA（アメリカ航空宇宙局）では、「批判的質問」が禁止されており、部下に対して「前向き質問」をすることしか許されていない。そして「前向き質問」の方法を学ぶ教育が徹底的に行われている。

批判的質問とは、たとえば部下がミスをしてしまった場合に、このように問いかけることだ……。

【批判的質問の例】

◆これは誰のせいだろう?
◆何が悪いのだろう?
◆どうして君はできないんだろう?

これを、「前向き質問」へと変換すると、次のようになる。

【前向き質問へのいい換えの例】

◆事実はどういうことだろう?
◆何をすればうまくいくだろう?
◆別の見方ができないだろうか?

なぜNASAでこうした教育が行われているかといえば、宇宙空間で批判的な質問を発することは生命にかかわるからである。

国際宇宙ステーションでは、狭い空間の中で3〜6人の宇宙飛行士が1年前後の時間を共に過ごすことになる。そうした特殊な環境下で他者を批判して仲たがいを起こしてしまうと、それはダイレクトに生命の危険につながりかねない。

だからNASAでは、宇宙飛行士だけでなく地上職員も含めて、批判的な質問を前向きな質問に転換する教育が徹底的に行われているのである。

アメリカのナショナル企業が研修や教育を行う場合、NASAと同じように、その理由と目的が明確である。そして、受講者にとって圧倒的にプラスになるプログラムが提供される。研修や教育は個々の社員のスキルアップにつながり、ひいては転職によるステップアップにも役立つ。だからこそ、教育が福利厚生のひとつとしてカウントされているのである。

このように日本と海外では、教育や研修に対する認識の違いがとても大きい。教育や研修は会社に「やらされるもの」ではなく、会社が「やってくれるもの」なのである。

「企業ブランディング」は、イコール「管理職ブランディング」

企業は人の育成でしか変わらないと私は考えている。そういう意味で、前述したサントリーという企業は、やはりすごい会社だと思う。

繰り返しになるが私は、サントリーが世界展開を始める際に、アメリカ駐在員のトレーニングを請け負ったことがある。その中で同社が、「水と生きる」という抽象的な企業理念を社員全員が体現し、いかに形にしていくかということに対して、莫大な金と時間を投入しているのに驚いたものである。

企業理念を策定するとか、経営方針のコンセプトを定めるとか、ＣＩ（コーポレートアイデンティティ）をまとめ上げるといったことは、誰にでもできるかもしれない。

「いつもニコニコ○○産業」といった簡単でわかりやすい言葉を企業理念に定めたとしても、一向にかまわないからだ。

しかし「いつもニコニコ」を研修や教育によって社員全員に徹底的に腹落ちさせ、体現させるのは、ちょっと想像してみればわかることだが、とてつもなく根気のいる作業なのだ。

ただ、この作業を徹底的にやれば会社は変わる。いや、教育・研修を徹底的にやらない限り、会社は変わらないといえる。

「インナー・ブランディング」という概念をご存じだろうか。私は、この概念を強く語っているが、これを持ち出した当初は誰も聞いたことのない言葉だったこともあり、企業の反応は鈍かった。

やがて、京セラなど一部の先進的な企業が研修のテーマとして取り上げてくれるようになり、企業理念を社内に広めるアンバサダー（伝道者）の育成に一緒に取り組むようになった。社員の中に、理念浸透のモデルケースとなる「理念の代弁者」をつくろうとしたのである。それを徹底的にやることで、企業は変わるという信念を私は持っていたからだ。

ところが、前向きなマインドを持った30歳前後の社員からは熱い共感を得ることができたものの、残念ながらそれより上の世代にはなかなか広がっていかなかった。

壁になったのは、それまで長い間放置されてきた管理職であった。

「いまさら研修なんか受けても変わらない」

「50代の社員に何か学ばせても意味がない」

「あの人はもうすぐ定年だから……」

社内から、さまざまな否定の声が聞こえてきた。

私はそれを聞いて、つくづく管理職を「放置」することの罪深さを感じた。彼らは入社以来、金と時間をかけて教育をしてもらった経験がほとんどないのだ。だからその重要性も効果もわからないのである。

結果、「いまさら研修なんか受けても変わらない」などと考えてしまう。

こうした意識を持った管理職ばかりの会社で、インナー・ブランディングの考え方を定着させることはとても難しい。いくら若手が共感してくれても、管理職が壁になってしまうのだ。

私はこうした経験から、「企業のブランディングとは、管理職のブランディングである」という確信を持つようになった。

管理職は企業ブランドの体現者でなければならないし、企業ブランドを確立するためには、まず、管理職から教育する必要があるのだ。

裏返していえば、管理職を教育せずに放置している企業は、自ら「わが社は変化する気のない、魅力のない会社です」と世の中にアピールしているようなものなのである。

まずは経営者が管理職を放置することをやめ、一人ひとりとしっかり向き合うことが大切だ。

管理職が変われば会社は変わる。〝5つの役割〟の徹底を

管理職が変わらなければ、会社は変わらない。
管理職が変われば、会社は変わる。
これは真実である。

従って、弊社・イマジナは、管理職のあり方が組織へと及ぼす影響を鑑みた上で、「管理職の役割」とは、次頁から示す5つにあると定義している。この5つが実現できていない管理職には――ほとんどの人ができていないと思うが――徹底的に教育をするべきだと我々は考える。

それが企業のためであり、若手社員のためであり、採用活動のためであり、ひいては日本社会のためだからである。

中堅・中小企業を率いる経営者には、是非、ご理解いただきたい。

【管理職の5つの役割】

①「理念」を浸透させることができる

会社の理念や想いを理解して末端まで浸透させることは、管理職の最も重要な役割だ。会社はなぜ、そのような想いを持っているのか・どのような社会を実現したいのか。経営者から新入社員まで、「一気通貫」で浸透することによって、その企業は初めてインナー・ブランドを持つことになる。インナー・ブランドは会社のあらゆる事業に統一性をもたらし、結果として対外的な企業イメージ（アウター・ブランド）も明確になる。

インナー・ブランドにブレがないことは、その企業の内も外も強くし、魅力的なものにする。その鍵となるのが、管理職なのだ。

②会社の経営方針を伝えることができる

大切なのは社長や役員が経営方針を発表したり口にしたりしたときに、「社長は会社をどのような方向に向かわせようと思っているのか」「それが自分たちの部署にどう関係してくるのか」を部下に丁寧に噛み砕いて説明できることだ。それには、何より、管理職自身が経営方針を十分に理解していることが前提になる。

管理職の説明によって会社の全体感がわかると、新入社員は大きく成長する。それは離職率の低下にもつながるのである。

③マネジメントができる

マネジメントという言葉をブレークダウンすると、部下の育成、教育、業務管理などになる。ただ仕事を振るだけではなく、仕事を通して部下をいい方向に導くことができてこそ、初めてマネジメントができるといえ、一人前の管理職と呼ぶことができるだろう。

④部下のキャリアをともに考えることができる

人材会社や転職エージェントは、クライアント企業の「外《そと》」にキャリアを形成させようとする。

しかし、優れた管理職は自社の「中《なか》」でキャリアを形成させる。部下が活躍できる舞台やポジションを用意することで、やりがいを感じ、キャリアアップしていきたいと思えるような環境をつくるのである。

「適材適所」は、管理職にとってとても重要な言葉だと思う。ある部下にとって、自分の部署よりも他の部署の方が「適所」だと思ったら、人事に話して異動を促すというのも管理職の重要な仕事である。

管理職は、自身のキャリアだけでなく、部下のキャリアをも考えていくことができるようにならなければならない。

⑤セルフブランディングができる

セルフブランディングの第一歩は、自分が部下からどのように見られているかを知ることだ。

上司がいつもヨレヨレのスーツを着て、かかとの擦り減った靴を履いていたら、部下は「ああはなりたくない」、そして「こんな会社に未来はない」と思うだろう。そして、そのような管理職しかいない企業に就職を希望する就活生も少ないに違いない。実際、人間が得ている情報の約8割は「非言語」情報、特に視覚情報であることがわかっている。

だからこそ、普段の何気ない行動が部下の目にどう映っているかを意識することは、管理職にとって極めて重要なのである。

そして、それ以上に大切なのが、「働く姿勢」をどう見せるかである。

部下に、生き生きと楽しそうに仕事をしている姿を見せるのか、しんどいな、大変だなと思いながら仕事をしている姿を見せるのか……。

たとえば、プロ野球の選手を思い浮かべてみると、彼らが試合中に怠惰な姿や辛そうな表情を見せることは、まずない。練習は半端でなく厳しいはずだが、試合ではいいプレーを見せることだけに専念している。そういうプロの姿を見て、子どもたちは憧れを持ち、自分も野球をやってみたいと思うのだ。

管理職はそのように、部下から憧れられる存在になるためのセルフブランディングをしなければならないし、経営者はそれができる管理職の「見せ場」をつくってやることも忘れてはならないだろう。

経営者に代わって「登る山」を説明できる管理職を育てる

次に、私が提唱しているインナー・ブランディングと管理職の関係についてお話ししておきたいと思う。

インナー・ブランディングには、以下の3つの段階がある。

- **第1段階　ブランドの基盤をつくる。**
- **第2段階　ブランド浸透を加速させる。**
- **第3段階　目指すブランドの姿になる。**

この3つの段階を簡略化していえば、企業の「理念」や「大切にしている想い」を末端の社員にまで浸透させ、それを企業全体で体現するところまで持っていくということになる。このプロセスにおいて、管理職は理念や想いを経営者に代わって部下たちに伝え、それを「文化」と呼べるレベルにまで定着させるという重要な役割を持っている。そして文化とは、理念や想いをことさら意識しないでも、その組織の中でそれが当たり前のこととして受け入れられている状態を指す。

では、それはいったいどのような状態のことだろうか。たとえば、甲子園で優勝することを目標に据え、それが選手一人ひとりに周知徹底されている野球チームでは、いくら練習が厳しくても誰も文句を言わないだろう。甲子園を目指す以上、厳しいのは当たり前だからだ。しかし、これを知らずに入ってきてしまった選手がいたら、文句ばかり言うかもしれない。

つまり、内に対しても外に対しても「登る山」を明確にすることがとても重要なのだ。エベレストに登るのか、高尾山に登るのか。それをはっきりさせてやらないと、社員はどのような心持ちで臨めばよいのかと迷い、悩むことになる。

さらにいえば、日本企業の多くが「モチベーション・サーベイ（従業員満足度調査）」という、世界の企業ではほとんど行われていない調査をやる理由も、実は、登る山をあいまいにしていることにある。登る山がエベレストと決まっていれば、社員はそのつもりで入社してきて、厳しい仕事にも耐えるだろう。しかし、登る山をあいまいにしたままで過重な仕事をさせようとするから、モチベーション・サーベイという名の「社員のご機嫌取り」を定期的にやらなくてはならなくなるのだ。

ただご機嫌取りをしたところで、登る山が明確でなければ、仕事の中身は月次の数字を追いかけるだけになってしまう。毎月毎月、決算書の数字をこしらえては、昨年比で何%になったと一喜一憂するだけであろう。

そんな仕事ばかりやらされていると、社員の心には「この仕事、自分じゃなくてもできるんじゃないか。誰でもいいんじゃないか」という気持ちが芽生えてくる。そこに、転職エージェントがつけ込む隙が生まれるのである。

採用の段階から、「わが社はこういう山に登る会社だ」ということをはっきりと伝え、入社後もそれをリマインドし続ければ、社員のご機嫌取りなどする必要はなくなる。

人間は、想像したものしか形にすることができない生き物である。部下に、どの山へ登るのかをはっきりと想像させてやることは、管理職にとって最も重要な仕事のひとつなのである。

Chapter

5

実行すべき、「管理職育成」の手法とは？

「管理職研修」のテーマを設定して、4つの観点で「プログラム」を作成

最終章では、管理職育成の具体的な手法を紹介しよう。

少々手前味噌になるが、弊社・イマジナが行っている管理職研修は、研修専門の実施機関が行っている研修とは、内容もボリュームもまったく異なるものである。是非、参考にしてもらいたい。

まず、弊社の研修はよくある1・5時間研修とか、1泊2日研修のように、短時間で、単発で終わるものではない。4〜5カ月の間、弊社スタッフの伴走のもとで学習手法を学びながら実行へと移してもらい、半年を目途にその成果をチェックして役員や経営者に対する報告会を行う。このサイクルを、たとえば最初は部長、次は課長……と階層ごとに実施して、合計で2年間ほど回す。それによって、学んだことを実行し習慣化するまで向き合い続けることが可能になるのである。さらにいえば、この2年間の

研修プロセスにクライアント企業の教育担当者にも参加してもらうことで、最終的に研修の「内製化」を実現したいという狙いもある。

クライアントに内製化されてしまったら商売にならないのではないか？という疑問があるかもしれないが、社員育成にはゴールはないので研修終了後も研修・教育システムのチェックや、新しいコンテンツの提案をし続けることによって、クライアントとの関係を継続していくことになる。もちろん、継続する、しないはクライアント企業次第であり、魅力的なコンテンツを提供し続けることができるかどうかは弊社次第。

真剣勝負なのである。

また弊社は、一エリアで一業種1社しか契約しないことをポリシーとしている。なぜなら、同じエリアで活動するクライアント同士が競合の場合、その両方を応援することはできないからである。弊社は、そのエリアでクライアントが勝ってもいくために、すべてのノウハウを注ぎ込む。だからこそ、このポリシーを貫くのだ。

そして弊社は、1社ごとに、コンテンツをフルオーダーメイドする。これは大変に手間のかかることだが、同じようなコンテンツを小出しにしていくつもりはない。「誰にでもできることから差別化は生まれない」という、強い信念を持っているからである。

管理職研修へと話を戻そう。弊社が行う管理職研修の大きなテーマは、次の2つに集約できる。これは、どんな企業でも実践すべきものである。

①部下に会社の理念や経営者の想いを「伝える」力の養成
②部下をよりよい方向へと導く力の養成

そして管理職が持つべきこの2つの能力を伸ばすために、以下の4つの観点からプログラムを策定して、研修を進めていく。

- **プログラム①　管理職の「能力の可視化」**
- **プログラム②　「コアバリューマッピング」による部下のカテゴライズ**
- **プログラム③　部下の「育成目標の設定」**
- **プログラム④　部下の「学びの伴走」**

以下、この4つのプログラムの概要を紹介していくことにしよう。

プログラム 1

「能力の可視化」で、対象となる管理職を見極める

「管理職の能力の可視化」とは、別の言い方をすれば、管理職の能力の「棚卸し」を行うことである。

弊社が実施する管理職研修では、まずは、管理職個人が部下の教育・育成に対して、どのような考えを持っているかを詳細に把握していく。その後、弊社のスタッフとの面談や管理職5～6人によるディスカッションを通して、主に、その管理職が会社の理念を体現する存在たり得ているか、そして「部下とどのように向き合っているか」を把握する。

研修の柱のひとつが、管理職として会社の理念や経営者の想いを「伝える」力の養成にある以上、この2点は外せない。

ディスカッションは、1回当たり5分間。ディスカッションの成果の発表を1分間とる。

ディスカッションのテーマには、「若い世代は『気配り・気遣い』についてどのようなイメージを持っているか」「懇親会に行きたくないという部下や新人にどう声をかけて誘うのか」といったものが設定されている。

特に「気配り・気遣い」については、このテーマ自体が極めて重要なので後に詳しく触れたいと思うが、弊社が行う管理職研修には他にはない著しい特色がある。

それは、ディスカッションの内容もさることながら、ディスカッションでの役割や自らの位置付け、臨む姿勢、さらにはディスカッションだけでなく、研修全体における態度といったものをスタッフ全員で注視しているということである。

たとえば、「なぜこの研修に参加したのですか?」という質問に対して、「会社から参加するように言われたから」と答える管理職は、ほぼ間違いなくダメな管理職である。

会社がなぜこの研修を必要だと考え、自分はこの研修にどのような姿勢で臨み、それが何につながるのか。

これを自分の頭で考えないまま「言われたから来た」と言っている時点で、管理職失格といっていい。

なぜなら、部下をいい方向へと導く上で、なぜその仕事をするのか、どのようにするのか、それが何につながるのかを伝えることこそ、管理職の仕事に他ならないからである。

自分ができていないことを部下に指導できるはずがない。

研修をセッティングしてくれた会社に対する感謝の念がないことも、管理職としては大きなマイナス・ポイントである。

気配りや気遣いは、ビジネスであれスポーツであれ、あらゆる分野における一流の人が備えている資質である。そして、気配りや気遣いの根にあるのが、「感謝」の気持ちなのだ。

感謝の気持ちは、必ずしも道徳的な意味合いに限って重要なわけではない。感謝をすることによって、その場から「持ち帰れるもの」の量が圧倒的に増えるからこそ重要なのだ。

会社からやりたくもない研修を押し付けられていると思っている管理職は、研修から持ち帰るものがほとんどない。こんな研修、早く終わらないかなと思うだけだろう。

反対に、会社が費用をかけて研修を受けさせてくれていることに感謝し、ポジティブに取り組む管理職は、同じ研修を受けても、持ち帰るものの量も質もまったく異なるのである。

我々が、ディスカッションに臨む姿勢や研修を受ける態度を重視しているのは、その管理職が会社の理念や想いを深く理解しているかどうかが、姿勢や態度に表れるからである。会社の理念を深く理解し、会社に貢献したいと思っている管理職は、会社が用意してくれた研修や教育に、自然に感謝の気持ちを持つはずである。

裏返していえば、感謝の念を持たずに怠惰な姿勢や横柄な態度で研修に臨んでいる管理職は、会社の理念を深く理解していないのだ。

そんな管理職が、部下に対して理念を本気で浸透させることができるはずがない。何度も指摘するように、管理職の最大の仕事は会社の理念を部下に浸透させ、経営方針を経営者に代わって伝えることにある。そのためには、会社に対する感謝の念が絶対的に必要なのだ。

また、感謝の念の有無は、ディスカッションにおけるポジションにもはっきりと表れてくる。ファシリテーターとしてディスカッションをリードする管理職もいれば、言葉数は少なくても鋭い意見で議論を深めていく管理職もいる。しかし、感謝の念を持たない管理職の発言は、周囲にいい影響を与えないのである。

我々は、発言の内容もさることながら、その管理職がディスカッションのグループの中でどのようなポジションを取り、周囲のメンバーにどのような影響を与えているかにも注目する。それは、日常業務の中での部下への接し方を象徴するものであるからだ。

その管理職が部下と真摯に向き合うタイプの人間であるかどうかは、ディスカッションへの臨み方を見れば一目瞭然であり、部下と真摯に向き合わない管理職は、部下にいい影響を与えない。


さらに我々は、研修の期間中に必ず懇親の場を設けるようにしている。

こうした機会は、表向きはリラックスしたり、集まったメンバー間の親睦を深めたりするためのものだが、もちろんそれだけが狙いではない。

たとえば、懇親会などで飲食をしているときには、ふとした本音が出てきやすい。会社に対する考え方や、上司や部下との関係性などの話が出てくるのも、飲食の場であることが多い。また、個人の人間性や意外な長所が垣間見えるきっかけとなるのも、こうしたラフな機会である。研修の場だけではわからないことも多い。弊社のスタッフは懇親会に同席しながら、そうした発言や態度をすべて記憶し記録していく。

もちろん、会社の批判をしている管理職をスパイのように見張っているわけではない。その管理職の言葉が周囲にどのような影響を与えているか、そして、自分が周囲に与えている影響に自覚的であるかどうかを見ているのである。

会社や上司に対する意見は、社内の改革につながる場合もあれば、士気の低下につながる場合もある。単に不平不満を漏らして周囲の雰囲気を悪くしているだけであれば、管理職として大いに問題があるだろう。

このように、研修の前段では詳細な仕事の棚卸しとディスカッションや懇親会を通した観察を通して、管理職の能力と部下に対して真摯に接する人物であるかどうかを見ていく。

弊社では、その結果を適宜役員に報告しながら、その管理職をどこまで上げていくのかを話し合っていく。「上げる」という言葉には、どの役職まで上げるのかという意味と、報酬をいくらまで上げるのかという意味の両方が含まれている。

こんなことを言うと、経営者はもちろん、一般的な日本企業に勤めている人は驚いてしまうかもしれない。管理職研修ひとつでそんなことまで決めてしまうのかと。

もちろん、将来の役職や賃金は管理職研修だけで決まるわけではないし、弊社がそれを決めるわけでもない。しかし、「この人をどこまで育てるか」という目標は明確にした方がいいのだ。


多くの日本企業は社員の育成目標をあいまいにしたまま、なあなあの人事を行うが、実は「忖度」がはびこる原因はそこにもある。

到達すべき目標も評価基準もあいまいだからこそ、下の人間は「上はいったい何を考えているか」を「忖度」するしかなくなってしまう。その結果、個々の社員は自分の頭で考えることをやめてしまい、上の人間の考えをうかがい知ろうとし、上の人間に気に入られる（であろう）ことばかり実行するようになってしまうのである。

少々大袈裟な言い方かもしれないが、いま、日本企業全体が衰退しつつある理由は、こんなところにあるのではないかと私は思っている。

プログラム 2

「コアバリューマッピング」で部下をカテゴライズさせる

弊社が実施する管理職研修では、管理職自身のプロファイルが終わったら、その管理職に、現在抱えている部下たちの特性を把握するために「コアバリューマッピング」を行っていただく。

コアバリューマッピングとは、仕事の能力、会社の理念に対する理解度・共感度という2項目において部下をカテゴライズし、その部下をどのようにマネージしていくかの方向性を定めるというものである。管理職は日常的に部下の業務管理（伴走）をするわけだが、方向性が明確になることによって、より効果的な伴走の方法を考えることができるようになる。

コアバリューマッピングには、図8の4象限を使う。A、B、C、D、それぞれのタイプにカテゴライズされる部下の特徴と、それぞれに対応する適切な方法について、Aタイプから順番に述べていくことにしよう。

Aタイプの部下　会社の想いに共感していて仕事もできる

Aタイプはポテンシャルも意欲も高いので、一見、手のかからない部下であるし、どの部署に配属してもとりあえず重宝される存在である。

しかし、有能であるだけに「やりがい」や成長の方向性を伝え続けないと、突然、転職してしまう可能性が高い。

管理職は、優秀な部下のことを、手がかからないがゆえに放置してしまいがちだが、彼らのような人材は引く手数多《あまた》だからこそ向き合う必要がある。それを怠ってしまうと不満が鬱積していって、突然転職してしまうなどの事態になりかねない。

会社にとっても、Aタイプを成長させて、より大きな価値を生み出す存在に育成していくことがベストであることは言うまでもない。

明確な目標を与えない人事や、摩擦を避けるための横並び人事などで、Aタイプのポテンシャルを眠らせてしまうことは、会社にとって大きな損失になる。

図8▶コアバリューマッピングの4象限

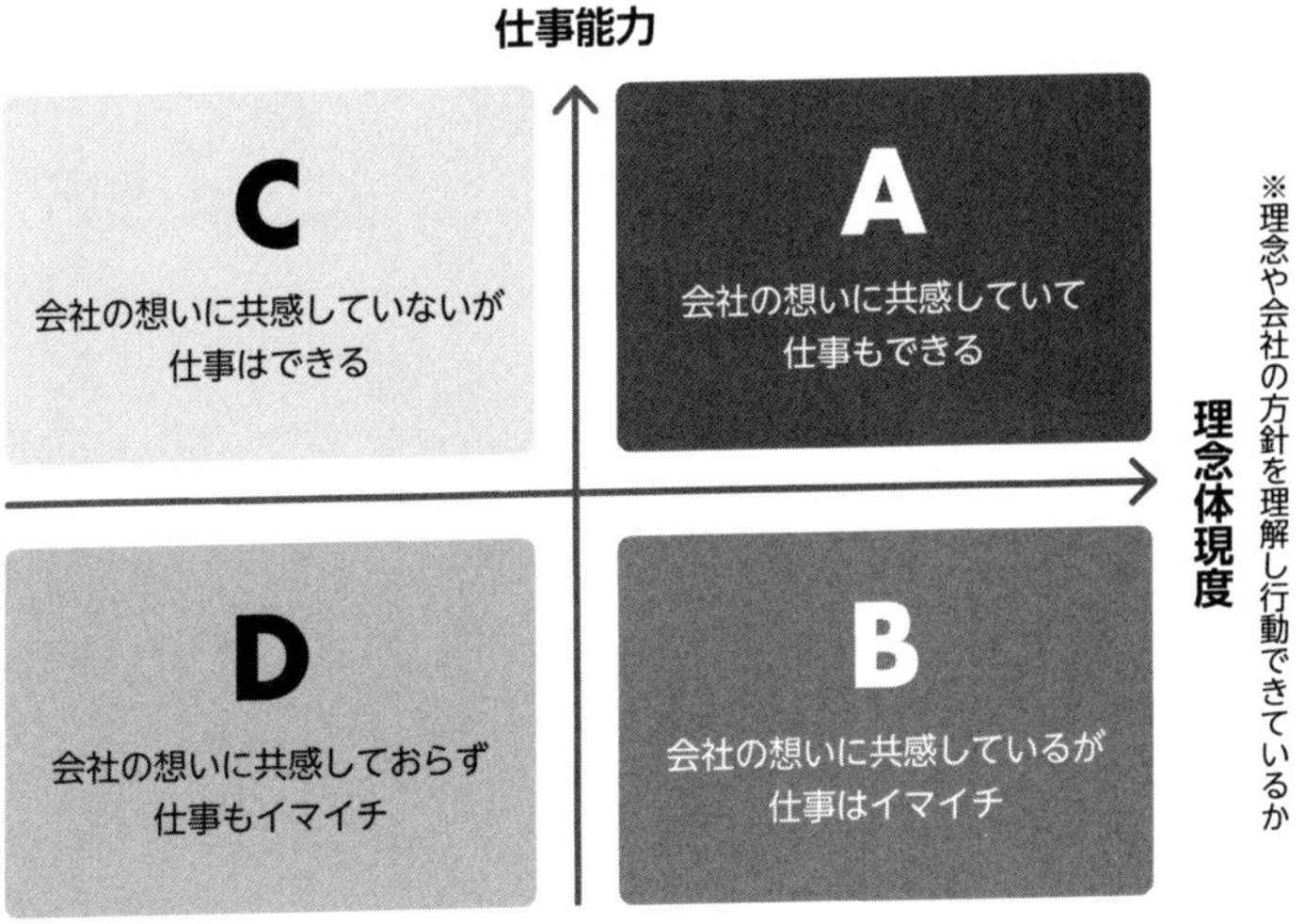
仕事能力
C
会社の想いに共感していないが
仕事はできる
A
会社の想いに共感していて
仕事もできる
D
会社の想いに共感しておらず
仕事もイマイチ
B
会社の想いに共感しているが
仕事はイマイチ
理念体現度
※理念や会社の方針を理解し行動できているか

出典：イマジナ

Bタイプの部下　会社の想いに共感しているが仕事はイマイチ

Bは、気持ちはあるけれど、いわゆる排気量が小さい（資質が乏しい）タイプである。

Bのようなタイプには、管理職が社内での居場所をしっかりと確保することが大切だ。

教育・研修係といったポジションに据えるのもいいし、自分で稼ぐ力は弱くてもマネジメント能力は高い場合もあるから、そうした可能性を探るのもいいだろう。

ただしBタイプには、いわば「なんちゃってBタイプ」ともいえる亜種が存在することを忘れてはならない。

会社の理念や想いを本当に理解しているのではなく、「理解している風」のBタイプが少なからず存在するのである。

本物のBタイプか、それとも「口先だけで理念を理解している風」のBタイプかは、本人のさらに部下を見ればよくわかる。

その人に対する部下の信頼度が低ければ、そのBは「なんちゃってB」に過ぎない可能性が高い。「理解している風」程度では、部下に対する理念浸透はできないからである。

Cタイプの部下　会社の想いに共感していないが仕事はできる

Cタイプは、有能ではあるが非常にやっかいな存在だ。

有能であるだけに、その部下や後輩を違う方向に導いてしまったり、会社の理念や想いとは違う考え方に「洗脳」してしまう可能性がある。

しっかりと理念の落とし込みをしてAタイプに近づけるのが理想だが、それが難しい場合は、部下を持たない専門職（プロ）としてひとりで仕事をさせるか、Cタイプの社員ばかりを集めたプロ集団をつくって、他部門と関係の薄い、特殊で専門性の高い仕事だけをやらせる方法もあるだろう。

Cタイプを Aタイプに寄せていくポイントは、「心に響くポイントを探す」ことと「部下からの感謝」である。

有能な人間は褒められることに弱いから、Cタイプのどこを褒めると嬉しいのかを探りながらマネジメントをしていくといい。また、部下からの感謝の言葉を伝えることで、心を動かされる場合があるかもしれない。

人の育成には、当人だけでなく、周囲の人間の力を使って組織的に行う方法もあるわけだ。

Cタイプの部下にAタイプが生まれることはあり得ないから、Cタイプの存在は組織に対する影響がとても大きい。

管理職がしっかりと向き合って話し合いを重ねることによって、理念の浸透を図ることが理想的である。

Dタイプの部下 会社の想いに共感しておらず仕事もイマイチ

Dタイプに対しては、2つの意味で「早めの対処」が必要である。

ひとつ目は、もしかすると目指している山が違うかもしれないという意味である。

先の例でいうと、会社が登ろうとしているのは富士山なのに、Dタイプは高尾山を目指しているつもりかもしれないのだ。

だとしたら、Dタイプにとって会社に居続けることは苦痛に違いないし、会社にとってもメリットはないだろう。

2つ目は、Dタイプの存在は会社の理念を毀損してしまう可能性がある、という意味である。

Dタイプを放置しておくと、「みんながDのようであってもいいんですね」「Dでも給料をもらえるんですね」という認識を社内に広めてしまう可能性が生まれるかもしれない。

Dタイプのように会社の理念も理解せず、仕事もできない部下の存在を容認することは、管理職として実践してきた、理念を浸透させる努力を水泡に帰してしまう危険性があるわけだ。

ではどうするか。

もちろん、Bタイプに移行させるのが理想的である。

だが、それが難しい場合は、クローズド・クエスチョン（Yes or Noで選択させる質問法）で、「会社の目指す山に登り続けるか、下りるか」を早めに決断させた方がいい。

現在の会社で成長していく可能性がないことがはっきりしているのであれば、なあなあはやめて、早めに人生の方向転換を促した方が本人のためである。

早い段階でリセットすれば、社外に適所を発見できるかもしれない。

ここまで説明したように、弊社が実施する管理職研修でのコアバリューマッピングの最終的な目的は、部下一人ひとりの能力の可視化を行うことにある。それにより、部下それぞれのどの部分をどのように伸ばしてやるかを考えることが狙いである。

もちろん、部下全員をAタイプに近づけていくのが本筋ではあるが、DタイプをまずはBタイプに寄せていくとか、CタイプはCタイプのままでプロとして扱うが会社の機密事項は伝えないといった、プロファイルに応じた具体的な育成の方法を考えていくのである。

また、コアバリューマッピングは組織の棚卸しでもある。たとえば、課長研修でコアバリューマッピングを行う場合、部長にも係長にもコアバリューマッピングをやってもらうことにしている。上下の階層で行うことによって、社内にどのような上下の組み合わせが存在するのかを把握することができるからである。

それを定期的に役員に報告することによって、管理職クラスを含めた最適な社員の配置、人間関係の構築の方法を考えることができるのである。

ついでに言っておけば、私は弊社が実施する管理職研修についての報告を聞く役員の姿勢・態度もチェックしている。

もしも緊張感のない姿勢で報告を聞く役員がいたら、躊躇《ちゅうちょ》なく叱責させてもらう。

役員が会社の理念を最もよく体現する存在でなければならないのは、当然のことだからである。

プログラム 3

管理職に、部下に適した「目標設定」をさせていく……

コアバリューマッピングなどの作業を通して、一人ひとりの部下のプロファイルを完成させたら、次はその一人ひとりの部下に対して、それぞれに適した育成目標を決定してもらう。

目標設定とは、管理職としてその部下をどのぐらいのポジションまで引き上げるために育成するのか、また、給与をどのくらいまで支払うのかといった具体的なことまで踏み込んだ、「どこまでのポジションになってもらうか」を決めることだともいえる。ただしそれは、部下に対して一方的にノルマを課すようなものではなく、もっとデリケートなものだ。

管理職に部下の目標設定を行わせる際に重要な観点は、次のように3つあるので、参考にしていただきたい。

■なぜこの目標なのかを部下に腹落ちさせる

会社の理念や想いを末端の社員にまで浸透させることの重要性は、何度も指摘した。理念や想いが浸透していれば、ルールやマニュアルで縛らなくても、社員は理念や想いを常に参照しながら、自分の頭で考えて行動することができるようになる。

個人の目標設定は、この理念や想いとつながっていなければ意味がない。そこで管理職に求められるのは、「会社の理念や想いはこうであり、会社は現在このようなフェーズにある。だから、あなたの目標はこうなのだ」というように、個人の目標を会社の理念・想い、現在のフェーズと結び付けて説明し、それを腹落ちさせることである。

正直なところ、こうした作業をアシストできるコンサルタントは弊社以外に存在しないと思う。

管理職による部下の「業務管理の核心」はここにあり、ここが最も難しく、最も手間のかかる部分である。このプロセスを学ばせない管理職研修はほとんど意味がないとまで、私は考えている。

■部下のバックボーンやプライベートを把握させる

目標設定を行うには、部下のバックボーンやプライベートを把握しておくことが必要である。

なぜなら、(当たり前のことだが)部下の人生は仕事だけで構成されているわけではないからだ。

配偶者がいるのか、子どもがいるのか、両親は存命なのか、はたまた介護を受けているのか、どんな趣味を持っているのか、どのようなビジョンを描いているのか、どのような人生観を持っているのか……。

こうした要素が複雑に絡み合って、部下の人生は成り立っている。そうした部下の人生の総体から大きく外れた目標を設定しても、部下はその達成に無理を感じてしまったり、達成しようという意欲を持てなかったりするかもしれない。

いくら有能でも、早期にリタイアして趣味を満喫したいと考えている部下に向かって、「役員になって会社を牽引する」という目標を押し付けてしまってはピンとこないだろう。

海外の企業では、部下のバックボーンやプライベートを聞き出す作業を、管理職が真剣に行っている。なぜなら、海外（アメリカなど）では、部下の宗教や人生観といったバックボーンについて無知だったことが原因で、訴訟につながってしまうケースが多いからである。

一方、日本の管理職の場合は、次のような話し方をするケースが多いのではないだろうか。

「好きな人はいるのか？」
「結婚するつもりはあるのか？」
「子どもを産むつもりはあるのか？」

最近では、こういったストレートな聞き方をしてしまって、誤解を招く管理職も出てきている。

自分が管理する組織のメンバーが、今後のキャリアについてどのように考えているのかを定期的に確認することで、ズレがないマネジメントを行うことができるのだが、日本人の管理職の多くはそれをうまく聞き出すスキルを持っていないのである。

では、どうするか？

たとえば海外の場合、多くの管理職はこんな聞き方をしている。

「君は2年後、3年後、どんなキャリアを描きたいと思っている？」

こうした質問の仕方をすれば、むしろ部下の方から「実は来年、子どもを産みたいと思っているのだけど」とか「親が認知症になってしまって、介護の必要が出てきた」といった相談をしてくることになる。

そうすれば、セクハラやパワハラで訴えられることはない。


また、部下のプライベートな事情を把握することは、単に人事構成を考える上で必要なだけでなく、会社の中に「居場所」をつくってやることにつながるという事実を管理職は理解しておくべきだろう。

仕事上の失敗は、実はプライベートな事情（親の介護で疲れていたなど）に起因することが多い。

ただ、その事情を管理職が知っていてくれるだけで、部下は会社の中に居場所があると感じることができるものだ。それだけで、心が休まるのである。

■プラセボ効果とリフレーミングを利用して説明させる

たとえ同じ目標でも、誰に言われるかによって、言われた側の受け取り方は大きく変わってしまう。

信頼している管理職から伝えられた目標ならその達成に懸命になれるかもしれないが、信頼していない管理職から伝えられた目標には、真剣に取り組めないかもしれない。

「プラセボ効果」という言葉を聞いたことがあるかと思う。

偽の薬でも、本物だと信じて飲むと効果が表れる現象のことを指すが、アメリカの経済学者ダン・アリエリー氏の実験によれば、価格が高く（権威性が高く）、期待感が大きいと、偽薬の効果はさらに高くなることがわかっている。

つまり、プラセボ効果を高めるのは信頼感と権威性であり、これを管理職と部下の関係に置き換えてみると、次のようなことがいえる。

「たとえ達成の難しい目標でも、日頃から信頼関係で結ばれていて、しかも尊敬している上司から与えられた目標なら、達成率が高くなる」

もうひとつ、部下に目標を与える際に有効なのが、「リフレーミング」という現象である。

次の文章を読んでみてほしい。

A　この手術の死亡率は10％もある

B　この手術の生存率は90％もある

まったく同じことを表現している文章だが、読んだ後の気持ちはまったく違うはずだ。

Bの文章を読めば誰しも、俄然、病気と戦おうという気持ちが湧いてくるだろう。

リフレーミングとは、悩みや難題、気分の落ち込みなどによって行き詰まった状態を、思考の枠組みを変えることによって、可能性を感じられる、気づきや、意欲のある状態に転換させる方法である。

管理職が部下の目標設定をするとき、達成が難しくハードルの高い目標であると伝えるか、達成の可能性があり取り組むことで大きく成長できる目標だと伝えるかによって、部下の気持ちはまったく違ったものになるはずだ。

図9▶「リフレーミング」現象の参考図

一見するとただの魚の絵に見えます

枠組みを変えると「追いかける魚の絵」

さらに枠組みを引いてみると
「逃げている魚」の意味も現れる

出典：Encyclopedia of Systemic Neuro-Linguistic Programming and NLP New Coding　By Robert Dilts and Judith DeLozier. を参考にイマジナ作成

プログラム 4

ポジティブ・フィードバックで、部下と「伴走」させる

さて、部下一人ひとりの目標が設定できたら、管理職は、それを実現させるために、部下との「伴走」のフェーズに入らなければいけない。

ただ、部下にあたる現代の若者の多くは、小さい頃からたくさんの習いごとをやり、塾に通った経験を持っている。

それだけに彼らは、監督やコーチ、あるいは教師の指導力によって、自分の能力が高くも低くもなることをよく知っている。現代の部下たちは、管理職を見る目が肥えているのだ。

さらにいえば、彼らが見ているのは、管理職の職務遂行能力だけではない。図10を見ていただきたい。これは、ある調査で「尊敬できる上司の特徴」を尋ねたアンケートの結果だが、ご覧のように、1位は「部下を気にかけ

ている上司」なのである。

決して仕事がバリバリできる上司ではないのだ。

では、「気にかける」とは、いったいどういうことだろうか？

私は、「気にかける」ということを、「フィードバック」と「ポジティブ・フィードバック」という言葉で説明できると考えている。

単なるフィードバックとは、「人や組織に対する反応、意見、評価」などのことであり、管理職からフィードバックを受けた部下が受け取る感覚は、「上司か

図10▶尊敬できる上司の特徴

単位：人

1位	部下を気にかけている	67
2位	仕事ができる	49
3位	責任感があり部下を守れる	44
4位	話を聞いてくれる	42
5位	教育力・指導力がある	41

出典：イマジナ

ら批判されている」となる。

一方のポジティブ・フィードバックとは、「相手の成長のための良質なコミュニケーション」であり、受けた相手が受け取る感覚は「上司から大切に思われている」となる。

つまり、部下の伴走をするにあたって、管理職がまず基本とするべきことは、常にポジティブ・フィードバックを心がけるということである。

部下の業務管理をする際、いつも部下の失敗を指摘し、叱責しているだけでは部下は委縮してしまう。うまくできている部分を取り上げて褒めてやり、できていないことは、できない原因を解明して解決策を提示してやる。ただ単に褒めるのではなく、部下のマインドやその後の行動もいい方向に向かうように導いてやるのだ。

このように「気にかける」ことによってはじめて、部下の目標達成に本当の意味で伴走することが可能になるのである。

部下と「伴走」するために、具体的な方法を身につけさせる

弊社が実施する管理職研修では、管理職が部下に伴走する際の具体的な手法も指導している。

ここで、代表的な2つの手法を紹介しておきたいと思う。

こうした手法を知っているだけでも部下の信頼を得やすくなり、管理職がそれぞれを身につけ、実践することで、部下は目標達成への最短距離を走れるようになるのだ。

■3分間、その部下のためだけに時間をとる

先ほど、尊敬できる上司の特徴は「部下を気にかけている上司」だというアンケート結果を紹介したが、では「気にかけている」ことを具体的に表現するにはどうしたらいいだろうか。

これには、「3分間、その部下のためだけに時間をとる」ことがとても有効である。

目標の達成についての話を、会議やミーティングの「ついで」にするのではなく、3分間でいいからその部下のためだけの時間をつくって、その部下とだけ話をするのである。

管理職は多忙だから、たとえ3分でも、ひとりの部下のためだけに時間を割くのは難しいかもしれない。しかし、そうした状況の中でわざわざ自分のためだけに時間を割いてくれたという事実は、部下に「重要感」を持たせることになる。自分は上司にとって「重要な人間なのだ」と感じるのである。

重要感を持たせると、部下は上司の言葉によって、より動かされるようになる。上司の言葉のひとつひとつが、目標達成に向けての大きな動機づけになっていくのである。

■伴走の中で、部下に「習慣化」させ、目標達成に進ませる

管理職が伴走しながら、部下に具体的な「習慣化」の方法を教えることは、部下の目標達成のためにとても有効である。

なぜなら、部下が目標達成のために「いい」習慣を身につければ、管理職が毎日のように指示をしなくても、自ら「いい」と思うことを実践してくれるようになるからだ。

以下、習慣化に関する知識と知恵をご紹介しておこう。

実は、私たちの行動の70％はルーティン、すなわち過去の行動の繰り返しによってできているといわれる。つまり、「現在の自分」とは「これまでの習慣」の結果であり、未来の自分は「これからの習慣」の結果なのである。

部下に習慣の重要性を伝えるために、意味のある事実だろう。

一方で、「人間の脳は変化を嫌う」ということも、習慣の重要性を考える上で大切なことだ。

変化を嫌うということには、2つの側面がある。

ひとつは、たとえ悪いことでも、それが習慣化していると脳はそれを変えたくないと思い、継続してしまうということ。

もうひとつは、いったんいいことを習慣にしてしまえば、やはり脳はそれを変えたくないので、楽に継続できるということだ。

脳は、悪い習慣でもいい習慣でも、習慣となっているものはなんとか継続しようとする。

それゆえに部下には、何事もスタートの時点でいい習慣を身につけさせることが重要なのである。

管理職が伴走しながら、部下に習慣化をうまくさせるためには、生物学、脳科学、心理学などの研究から導き出された4つのポイントがある。

部下に何らかの行為の習慣化を促すときに、知っておくと役立つだろう。

それぞれについて、簡単に説明していこう。

■ポイント①「ハッキリさせる」

「いつ」「どこで」「何をするか」を明確にすることは、部下がその行為にすぐに取り組めるようにするための「仕組み化」でもある。「毎朝5時に」「家の近くの河原で」「ジョギングをする」と仕組み化しておけば、「今日はどんな体力づくりをしようか」などと悩むことなく、すんなりとジョギングに取り組むことができる。

■ポイント②「魅力的にする」

部下は、たとえ上司から「習慣化せよ」と厳命されたことだとしても、それが自分にとってどのようなメリットとなるかが明確でなければ、習慣化の努力を始めようとはしない。

別の言い方をすれば、習慣化するためには、習慣化によるメリットを整理して、その行為の「魅力」を高めてやればいいのである。

毎日ジョギングをすることには、次のようなメリットがあるだろう。

「健康維持に役立つ」
「体形の維持に役立つ」
「ストレスの解消になる」

「仲間ができる」……

このようにメリットを整理してやると、「ジョギングをする」という平板な目標がぐっと魅力的になり、行動を起こしやすくなる。

■ポイント③「簡単なことから始めさせる」

部下に習慣化を開始させるときには、なるべく簡単なことから始めさせることが、とても重要になる。

最初から、大きなこと、大変なこと、難しいことをやろうとせず、小さなこと（つまり簡単なこと）から手をつけるのが得策なのだ。最初からハードルを上げてしまうと三日坊主になりやすい。

たとえばジョギングの例でいえば、毎日20キロ走ろうと決めたところで、初日は何とか走れたとしても、翌日は足が痛くて走れないということになりかねない。

しかし、初日は1キロ、翌日は2キロ、3日目は3キロと、少しずつ距離を延ばしていけば、20日目には20キロ走ることがさほど苦痛ではなくなっているかもしれないのである。

また、その行動を開始するまでのステップ数を減らすことも有効だ。たとえば前の晩にジョギングシューズとジョギングウェアの準備をしておけば、朝起きて顔を洗って、すぐさま走り出すことができる。

準備ができていなかったり、忘れ物があったりすると、行動開始までのステップ数が増えて面倒になってしまう。それを口実にして、習慣化をやめてしまうケースも多い。

■ポイント④「記録を取らせる」

ジョギングやウォーキングの際に歩数計をつけている人は多いと思うが、一日だけでなく、毎日の行動を継続して記録しておくことは、習慣化にきわめて有効である。

自分の努力と頑張りの記録を振り返ることは、自身の成長を楽しむことにつながり、習慣を継続する大きなモチベーションになっていくのである。

習慣化と「時間」の関係

習慣化における4つのポイントを部下へと伝授したら、さらに習慣化と「時間」の関係も理解させておくといいだろう。

身につけさせるべき観点は2つ。

ひとつは、「1回当たりの時間」についてであり、もうひとつは、「習慣化までにかかる期間」についてである。

以下を参考にしてもらいたい。

■1回当たりの時間について

部下に仕事を命じるとき、管理職はどうしても過大な負荷をかけてしまいがちである。

そうすれば部下がより早く成長するのではないかと期待するからだが、図11「15分・45分・90分の法則」に示すように、人間が集中できる時間は、取り組むテーマによってほぼ決まっている。

むやみに長くやらせればいい、というわけではないのだ。

たとえば、国連の同時通訳者はわずか15分しか集中力がもたないといわれている。15分を過ぎると「マインド・ワンダリング（心の迷走）」と呼ばれる状態に陥ってしまい、通訳業務とは別のことが頭に浮かんできてミスが増える。

脳もひとつの臓器であり、酷使すれば機能が低下する。仕事も研修も、長時間やらせれば効果が出るわけではなく、むしろ習慣化の妨げになってしまう可能性があるのだ。

図11 ▶ 15分・45分・90分の法則

15分	人間が非常に集中できる時間	同時通訳	
45分	一般的な集中力	学校の授業	
90分	集中力の限界	サッカーの試合	

出典：イマジナ

■習慣化までにかかる期間

ロンドン大学Phillippa Lally博士らの研究によれば、たとえば「昼食と一緒に水を飲む」といった「ごく簡単な行動」の習慣化には18日かかり、「毎朝腹筋を50回やる」といった「難しい（辛い）行動の習慣化」には254日かかるそうである。

習慣化の大ざっぱな目安としては、脳を慣らして、めんどくさいと思わせないようにするために約3週間かかり、約3カ月継続できれば、行動の難易度にもよるが、ほぼ達成されたと見ていい。

習慣化達成までの期間、部下に対するアドバイスとしてとても有効だと私が思うのは「一日できないのはOKだが、2日連続でやらないのはNG」という言葉である。

熱が出たとか、急用が入ってしまったとか、うっかり寝過ごしたといった理由で、「一日だけやらない」のはありだが、2日連続でやらないと、3

日目も、その次の日もやらない可能性が高くなる。

部下が一日やらなかったら、次の日は必ずやるように促す。

それが管理職の役割だ。


目標達成のための習慣を身につけることで、部下は自律的に、永続的に成長することができるようになる。

それはやがて、上司である管理職の仕事を楽にしてくれるだろう。毎日教える手間が省けるからである。

部下が会社の理念を腹落ちさせ、自身の目標達成のための努力を習慣化してくれることは、管理職自身を救うのである。


ここまで「管理職育成」の手法とポイントを解説してきた。

企業経営者には、これらを参考にした上で是非、優秀な管理職を育ててほしい。

エピローグ　企業成長の奥の手、「M&A」を味方につける

本書を通じて、採用活動と人材育成の重要性を見てきた。ここでは視点を変えて、企業買収、いわゆるＭ＆Ａについて考察していきたい。

価値観が多様化し、ビジネスがＡＩ化していく昨今、業界再編成の波は大きくなる一方だ。

事業拡大や異業種参戦を目論む意欲的な経営者にとっては、一から新規事業を立ち上げて人を採用するよりは、すでに存在する企業を人材もろとも飲み込み、事業拡大を図るのが賢い選択ともいえる。

一方、少子高齢化が進む日本では、後継者不足に悩む企業経営者も少なくない。手塩にかけて育て上げた事業を廃業するよりは、従業員とともに

新たな企業に託すほうが、これまでの苦労も報われるというものだ。

また、テクノロジーが高速度で進歩し、ビジネス環境も目まぐるしく変化している中、自社の力だけでは乗り越えられない障壁も、複数の企業が合体することでシナジーを発揮すれば越えていけるかもしれない。

そう考えると、M&Aは多くの可能性を秘めている。

ある企業が長年積み重ねてきた技術力や、特定の分野における知見やノウハウ、人脈や他社との協力体制、なかんずく社内で手塩にかけて育成してきた人材を、丸ごとパッケージングして得られる効果は計り知れない。部長、課長、部門長以下、チームで能力を発揮できるグループを一挙採用することで、強力な仲間を一気に増やすことが可能なのだ。

ただし、M&Aには、注意すべきポイントがいくつか存在する。前述したようなメリットを目指して多くの企業がM&Aに乗り出すが、失敗する事例も多い。

これはお得な買い物だとある企業を買収したものの、内部統合がうまくいかずに人事部が四苦八苦したり、新しいシナジーを期待したのに、単なるお荷物部署を抱えることになったり……。

M&Aを巡るトラブルは枚挙にいとまがない。

そもそも何を目指して企業買収を行おうとしているのか、自社に足りない部分を補うための買収なのか、まったく新しい分野の知見を手に入れるためなのか、同業他社のライバル企業を傘下に収めることで一気に市場シェアを奪うための戦略なのか……。

M&Aを展開する場合、その動機と期待する結果をクリアにすることが、まずは求められる。

次いで必要なのは、その企業のどこに着目して買収を決めるのか、その見極めだ。

実はこれまで、我々イマジナでは積極的にM&Aの仲介事業を展開してこなかった。しかしながら私自身は、M&Aにまつわるさまざまな相談をいただいている。

「事業拡大をしようと思うんです。どこかいい企業を知りませんか」
「そろそろ会社を手放し、心機一転新たなスタートを切りたいんです」
「後継者がいません。どこか好条件で売れる企業はありませんか」

こうした悩みに対して、個別にアドバイスを行うことも可能だが、まずは経営者が、自分たちの頭でM&Aを考える必要がある。M&Aに際して何を最重要視すべきなのか、世の中のM&Aでよくある失敗パターンとはどういうものか、成功したM&Aの背後には、どのような視点や工夫、リスク回避策が存在したのか……。

しかしながら目指すべき結論は、売る側も買う側も、そこで働く従業員も、すべてがWin-Winとなるためのステップアップにすることだ。

どんな障壁をぶち破るのにも、いつだって「人の力」が大切なのである。

私が、何千社もの企業を俯瞰《ふかん》してきていえるのは、会社が直面する課題のほとんどは「人（人材）に関する悩み」であるということだ。

優秀な人材をいかに獲得し、いかに定着してもらい、そして活躍してもらうか。

その環境を整えることの必要性に、先見性のある優良企業はいち早く気づき、真っ先に取り組むべき課題として着手している。そしてそうした企業には、優秀な人が集まってくる。

誰だって自分の努力が正当に評価されることは嬉しい。それが叶わなければ、人は去っていくか、残ったとしても次第に目がよどんでうつろになっていく。

だから「人材育成の必要性をわかっている」と口で言いながらも実践に移せない経営者は、自社が置かれている危機も察知できない。「カネがない」「余裕がない」「人手がない」を呪文のように唱える企業は、企業が人材を選べる買い手市場から、人材が会社を選ぶ売り手市場の時代に移り変わっていることにも気づかない。

こうした会社はM&Aの際にも、勘所のピントがずれてしまうのだ。

我々イマジナが企業の指標を判断する際、経営者のみにヒアリングをすることは決してない。

管理職へのヒアリングも通じて、経営者の言動一致がなされているかを厳しくチェックする。

なぜならば、企業の屋台骨は、管理職が担っているからだ。管理職を3階層ほど見れば、その会社の能力はほとんど見てとれる。経営者が見事で、管理職がグダグダ、ということはまずないし、管理職が見事なのに、組織の末端や上層部がお話にならないということもまずない。

中間管理職の意欲や課題意識は、研修の受講態度や課題への集中度、前後の雑談も踏まえれば、ある程度見えてくる。必然的に、その会社の実力も見えてくるのだ。

そして会社の状態を自分事として体感できている管理職が多い企業は、押しなべて強い。

現在の会社業績の理由（成功しているなら成功理由、停滞しているなら停滞理由）、強みと弱みと今後の課題を、上層部だけでなく管理職も肌感覚で理解している企業は、将来伸びる。

そうした企業同士が、M&Aで手を携えることができれば、この企業買収はひとまず成功したといえる。金のため、〝身売り〟のためのM&Aではなく、「共に成長する」ステージを見据えてのマッチングだからだ。

ときに業種も創業経緯も企業DNAも、まったく異なる企業同士のM&Aが成立し、世間をあっと驚かすこともある。

だが、外から見ればどんなに意外な組み合わせでも、「人を大切にする」という根本理念さえ同じであれば、その後も案外うまくやっていけるものなのである。

ならば、そうした出会いを「我々イマジナが用意しよう」。私はいま、こんなことを考えている。

それも個別にではなく、業界を対象とした研修の機会や環境を整えることで、出会いの場を提供し、企業がお互いに納得しながらマッチングをしていくという手法だ。

私自身は、M&Aの可能性を有力視しているが、必ずしも企業買収ばかりが道ではない。

この手法を推進することで、協業の仕組みや、社員交換システムの仕組み、業界同士の勉強会などもできるはずだ。ある企業だけが成功を手にし、他の企業は死屍累々という図よりも、まずはマーケット全体を成長させることのメリットは大きい。

我々イマジナは、そうした業界全体の生態系環境を整える役割と、企業同士のマッチング、そして伴走を続けることを今後は目指していきたい。

現状のM&Aコンサルティングの一番の課題は、企業買収に向けての準備には伴走するが、いざ契約成立となったらそこでお別れ……となるケースが多いことだ。

実際には、M&Aにおける課題はむしろ契約成立以降に続出する。海外ではマッチング後の訴訟リスクも非常に大きいが、日本の場合は「予想と異なる……」と気づいた時点では後の祭りで、両者泣き寝入りせざるを得ないことも少なくない。

結婚は結婚式当日ではなく、その翌日以降新たなステージが始まってからが肝心だ。

M&Aにおいても、異なるカルチャーを持つ両社がともに歩み始めて以降こそ、試練が降り注ぐ。弊社はそこに伴走をしていく。

もちろんマッチングに至るまでに、両者の企業文化のすり合わせや、問題の洗い出しも徹底的に行う。

だが、企業買収の本来の目的がステップアップにあるならば、異なる文化が混ざった後に、正しい化学反応が起こり、両者から生まれるシナジーが想像以上の威力を発揮するまでを見届ける義務がある。

企業は無機質な物体ではない。

企業を率いる経営者、そこで働く従業員とその家族をはじめとした、企業のステークホルダーすべてが絡み合う有機生命体のような存在である。

もちろん、企業の商品やサービスを求め、購入し、喜んでくれる顧客企業や生活者もその一員である。そうした「人々の顔」を無視した先に、栄華を誇れる企業は存在しない。

企業は人なり。

新卒社員を採用するにしろ、転職人材を迎え入れるにしろ、M&Aで異なる文化の人たちとジョインするにしろ、人を大切にしてこそ企業の発展はある。この認識を、皆さんと共有したい。

おわりに　経営者が本気で〝管理職〟を育てなければ、企業に未来はない

人材の採用と管理職の育成をテーマに書いてきたが、最後に強調しておきたいことがある。それは就活生が、その企業に勤める「管理職」で会社を選ぶ時代がやってきたということである。駅伝の名監督がいる大学に優れた選手が集まって好成績を上げるようになり、やがてその大学の偏差値まで高くなってしまうという現象が現実に起きていることからもわかるように、現代は知名度だけでなく、優れた監督、コーチのいる学校に志願者が集中する傾向が強いのだ。現代の若者は、指導者によって自分の成長が大きく左右されることをよく知っている。

管理職が部下を育てる力を持っていない会社は、やがて人材を採用できなくなり、存続することが難しくなっていくだろう。人に投資しない、大切にもしない会社は、滅んでも仕方がないと私は思っている。

経営者や管理職が社員一人ひとりとしっかり向き合い、言葉や文章で会社の理念や想いを明確に伝え、それを一人ひとりの社員の行動に確実に結び付けていく。これが、企業ブランドにもなっていく。これからの時代を生き延びていくのはそうした文化を持つ企業だけであり、弊社・イマジナは、企業文化を確実に定着させるお手伝いをすることをミッションとしている。数時間、あるいは1泊2日程度の研修を実施したところで、社員も会社も変わりはしない。弊社は、2年以上の歳月をかけて、会社の理念が末端の一人ひとりの社員にまで浸透し、カルチャーとして定着していくまで伴走することをやめない。そして、理念に根差したカルチャーが末端まで浸透すると、業績は間違いなく上向いていくのである。

人材が採用できない、管理職の育成ができないという悩みを抱えている経営層・人事の方々は、是非、我々とともに社員と向き合うことを検討してみていただきたい。

2024年5月　吉日

株式会社イマジナ 代表取締役　関野吉記

Profile…… 関野吉記
株式会社イマジナ代表取締役。ロンドンのThe International School of Screen Acting卒業後、イマジネコミュニカツオネに入社し、サムソナイトなど多くのコマーシャル、映画製作を手がける。その後、ビジネスの領域に転換、ステージを舞台や演出から企業へとシフトする。投資部門に出向し、アジア統括マネージャーなどを歴任。経営において企業ブランディングの必要性を痛感し、株式会社イマジナを設立。映像制作で身に付けたクリエイティブ手法を活かし、アウターとインナーを結びつけたブランドコンサルティングで、すでに2,800社以上の実績を挙げている。最近では活躍の場を地方自治体や伝統工芸にまで広げ、ジャパンブランドのグローバルブランド化を推し進めている。

イマジナに少しでも興味を持った方は、次よりお問い合わせください。https://www.imajina.com/

管理職のチカラ
～採用も、業績も、人材育成で変わる～

2024年6月3日　第1刷発行

著　者　関野吉記
発行者　鈴木勝彦
発行所　株式会社プレジデント社
〒102-8641
東京都千代田区平河町2-16-1 平河町森タワー13階
https://www.president.co.jp/　https://presidentstore.jp/
電話　編集 03-3237-3733
販売 03-3237-3731
販　売　高橋 徹、川井田美景、森田 巌、末吉秀樹
構　成　山田清機、三浦愛美
装　丁　鈴木美里
組　版　清水絵理子
校　正　株式会社ヴェリタ
制　作　関 結香
進　行　木村朱里、青江美波、早川由里子（イマジナ）
編　集　金久保 徹
印刷・製本　大日本印刷株式会社

本書に掲載した画像の一部は、Shutterstock.comのライセンス許諾により使用しています。

ISBN　978-4-8334-5241-0
Printed in Japan
落丁・乱丁本はお取り替えいたします。